KB214654

바닥을 기는 창세기I

: 먹거리가 모두에게 주어지는 선한 세상의 꿈

바닥을 기는 창세기 I
:먹거리가 모두에게 주어지는 선한 세상의 꿈

2024년 1월 15일 초판 1쇄

지은이   이세령
펴낸이   김명일
디자인   정보람

펴낸곳   깃드는 숲
주소   부산시 북구 구포만세길 155-1 2층
이메일   hoop1225@gmail.com

ISBN   979-11-984413-0-0
값   18,000원

바닥을 기는 창세기 I

이세령

먹거리가 모두에게 주어지는
선한 세상의 꿈

깃드는숲

이세령

서울제일교회 대학부와 학생신앙운동(SFC)에서 신앙 훈련을 받았다. 고려신학
대학원에 진학하여 목회자로 훈련을 받고 고신 교회 목사가 되었다. SFC 간사로
3년간 봉사하고 진주 문산교회와 서울 일원동교회를 섬겼다. 이후에 네덜란드
아뻴도른 신학교에서 구약을 공부하였고, 그 기간에 로테르담 사랑의 교회를 섬
겼다. 귀국 후 복음자리교회를 개척하여 오늘까지 섬기고 있다.

대학 시절부터 성경을 공부했고, 이후에도 목회하면서 청년들, 성도들과 계속 성
경을 공부하고, 묵상하고, 함께 나누었다. 설교와 강의에 성경 공부 내용을 녹아
내리려고 노력했다. 또한 젊은 시절 고민한 평균하게 하는 복음이라는 관심으로
성경 해석을 해 왔다. 하늘의 뜻이 땅에서 이루어지는 과정이라는 관점에서 성
경을 이해하면서 바닥을 기는 성경 해석을 구상했고, 그 결실로 이 책이 나왔다.

창세기에 관련된 많은 책이 시중에 나와 있습니다. 그러나 먹거리라는 관점으로 창세기를 바라보며 해석하는 책은 한국에서는 처음이 아닌가 생각됩니다. 처음에는 가우뚱했지만 이세령 목사님의 친절한 설명을 따라 읽다 보면 어느새 고개를 끄덕이게 됩니다. 구약과 신약을 오가며 펼치는 주해와 논증이 읽는 이들에게 감탄을 자아냅니다. 각 장마다 각 주제를 매끄럽게 풀어내며 다음 주제로 이어가는 실력이 탁월함을 느낍니다. 결코 읽기 어렵지 않은 평이한 단어와 문장을 구사하지만, 읽는 독자들에게 많은 생각을 하게 만드는 깊이 있는 책입니다. 결국 저자가 강조하는 것은 먹거리가 제공되는 하나님이 창조하신 선한 세상을 만들어 가라는 것입니다. 함께 먹거리를 나누고 평균함의 원리로 필요를 채우는 선한 세상을 꿈꾸며 성경을 바라보고 해석하는 저자의 관점이 신선하고 따뜻하게 느껴집니다. 우리도 먹거리를 나누는 선한 세상을 함께 만들어가면 좋겠습니다. 탁월한 논증과 따뜻함이 묻어있는 이세령 목사님의 책을 기꺼이 추천합니다.

김관성 목사(낮은담교회)

창조의 목적을 선한 세상으로 이해한 저자는 구체적으로 먹을 것을 공급할 수 있는 세상을 위해 인간의 역할을 강조하고 있습니다. 돕는 이로써 하나님의 형상을 이해하고 인간을 이해하여 서로의 필요에 부응하는 삶이 선한 삶이라고 주장합니다. 복음의 은혜를 받은 우리가 회복하기를 원하는 선한 세상을 살펴보는 기회가 되길 바라면서 일독을 추천합니다.

이찬수 목사(분당우리교회)

이세령 목사님의 창세기 해석은 과격하면서도 참신하다. 그는 선악과를 다른 사람의 먹을 것이라고 주장한다. 하나님께서 각자에게 주신 것을 만족하지 못하고 다른 사람의 먹을 것을 탐낼 때 하나님의 형상은 깨뜨려진다. 하나님의 형상은 서로의 먹거리를 지키는 삶에서부터 시작한다. 인간의 분수를 넘어선 욕심이 서로를 헤치는 오늘의 현실 속에 시사하는 바가 크다. 이 목사님이 창세기를 통해 바라보는 선한 세상의 꿈이 복음이 되길 바라면서 일독을 권한다.

권오헌 목사(서울시민교회)

평소 말씀의 사람으로 알려진 저자가 평생을 두고 집요하게 파고든 한 진리를 책으로 엮어 우리에게 준다. 저자는 말씀의 가르침이 복잡하지 않고 단순하다는 것과 그 가르침이 오늘 우리의 삶의 현장에 그대로 잇닿아 있다는 것을 믿고 그 의미를 우리 삶의 큰 축인 경제와 식생활에 적용한다. 우리 시대의 고통이 탐욕에서 온 것이라면 그것부터 내려놓아야 하지 않겠느냐는 저자의 권고는 성경 원문에 대한 정밀한 해석을 바탕으로 출발하여 빈부격차, 부동산값 폭등, 수도권 집중 등 현장의 부조리에도 곧바로 적용된다. 바로 생각하고 바로 행동하기를 원하는 그리스도인이라면 혹 세부 해석에 관한 생각이 달라도 저자의 핵심 도전 자체는 외면할 수 없을 것이다.

권수경 목사(일원동교회, 전 고려신학대학원 교수)

목
차

창세기와 먹거리

청년 시절, 우연한 발견

1979년, 대학에 입학했다. 그 후 2년 동안 3학기를 휴교령 가운데 보냈다. 1979년 가을에는 박정희 대통령의 죽음으로, 1980년 봄에는 '서울의 봄'으로 전국적인 휴교령이 내렸고 1980년 가을에는 다니던 학교에 휴교령이 내렸다. 나는 운동권은 아니었지만 유신 독재와 군부독재를 거부했다. 집회에서 외치는 구호는 대부분 유신 독재와 군부 독재에 대한 반대였지만, 그 구호에는 경제 문제도 들어 있었다. 이 시기에 나는 한국의 경제 현실이 미국과 깊은 연관성이 있다는 느낌을 받았다.

학생신앙운동(SFC) 활동을 하면서 이데올로기가 아닌 성경의 관점에서 시대의 문제를 해결할 수 있는지 질문하고 주위 형제들과 함께 고민했다. 오늘의 차별적인 한국의 상황을 사회적, 구조적인 문제로 보는 질문과 맞닥뜨리게 되었다. 이러한 상황 속에서 사회적, 구조적으로 한국의 불평등한 상황을 직시하게 되었고, 나는 '그리스도인은 어떻게 살아야 하는가' 질문했다.

군부 독재와 경제 불평등이라는 두 가지 시대적 문제를 가지고 성경을 공부하고 기도하고, 야학과 농촌 하기 봉사와 같은 실천적인 흉내도 내면서 청년 시절을 보냈다. 그러던 중에 신학대학원에 진학했다. 신학대학원 3학년 1학기가 끝나갈 때, 경건회를 빠진 날이 있었다. 그날 말씀은 고린도후서 8장의 "집사의 직분"을 다루었는데, "평균함"이 집사의 역할이라는 내용이었다. 개역개정판 성경은 "균등"이라는 단어를 사용한다.
참석하지 않은 경건회의 말씀, "평균함"을 경건회를 참석한 동료들의 입으로 들었을 때, 그 단어는 단순하지만 충격적이었다. 성경에 "평균"이라는 말이 있었는가? 내 삶의 모든 관심사가 "평균함" 한 단어에 쏠렸다. 마르크스주의가 아닌 "복음"이 평균을 이루어낸다면 얼마나 좋을까?

평균함을 위한 연보

바울 사도는 고린도 교회에 편지를 보내면서 예루살렘 교회 가난한 성도들을 위해서 연보하도록 격려한다(고후 8-9장). 고린도 교회뿐 아니라 마게도냐 교회들에도 연보를 요청한다. 바울은 예루살렘의 가난한 성도들을 위해 연보해야 하는 근거를 다음과 같이 제시한다.

첫째는 이웃 교회가 보여준 본보기이다. 바울은 심한 가난과 핍박에도 불구하고 풍성한 헌금을 한 마게도냐 교회를 소개한다(고후 8:1-5). 둘째는 부요하신 예수님이 너희를 위해서 가난하게 되신 이유는 그분의 가난함으로 너희를 부요하게 하시기 위해서라고 설명한다(고후 8:9). 예수님이 인간이 되셔서 십자가에 죽으심으로 우리 죄인들의 구원을 이루신 것이 성육신의 복음이다. 그런데 바울은 이 복음을 가난이라는 상황에 적용한다. 하나님이신 예수님이 인간이 되신 것을 부자이신 예수님이 가난하게 되셨다고 이해하고, 우리를 죄에서 구원하신 것을 우리로 부요하게 하셨다고 적용한다. 이처럼 바울은 복음이 어떻게 현실과 연결되는지를 보여 준다. 셋째 이유는 평균하게 하기 위함인데, 바울은 평균함의 근거를 구약에서 찾는다. 많이 거둔 자도 남지 않고 적게 거둔 자도 모자라지 않는다는 출애굽기의 말씀을 인용한다. 만나를 거두는 원칙에 대한 말씀(출 16:18)이다.

만나와 한 오멜

가난한 성도들을 위한 연보는 평균함을 지향하는 교회의 실천이며 복음이고 구약에 근거한 가르침이다. 평균함은 획일적으로 같다는 말이 아니라 서로의 차이 때문에 나타나는 필요를 채우는 복음에 근거하는 노력을 의미한다.

이스라엘 백성이 애굽에서 나온 지 한 달이 되었을 때, 가지고 나온 먹거리가 다 떨어졌다. 더욱이 그들은 물과 음식이 없는 광야에 있었다. 백성들은 출애굽을 이끈 모세와 아론을 원망하기 시작했다. 이때 하나님이 먹을 것을 주셨다. 아침에 눈을 떠서 텐트 밖에 나가면 만나를 구할 수 있었다. 그런데 하나님은 만나라는 먹거리와 함께 말씀도 주셨다. 한 사람이 만나 한 오멜(약 1.8리터)씩만 취하도록 규정하는 말씀이다. 더도 말고 덜도 말고 한 오멜이다. 금요일에는 두 오멜을 거두었다. 안식일인 토요일에는 만나를 주지 않으셨기에 백성도 하나님도 쉬었다.

많이 거둔 자도 남지 않고 적게 거둔 자도 모자라지 않게 사람마다 한 오멜만 거두는 만나의 규정을 만났을 때(출 16:18) 나는 흥분했다. 성경이 공평한 세상을 가르치고 있음을 발견했기 때문이다. 상황에 따라 많이 혹은 적게 거두는 경우가 발생한다(출 16:17). 그런데 이런 차이가 일어나는 상황에서 어떻게 하나님의 기준인 평균함을 이룰 수 있을까? 많이 거둔 자도 남지 않고 적게 거둔 자도 모자라지 않게 일용할 양식을 가지도록 하는 방식은 무엇인가? 바로 오멜로 헤아려 보는 작업이다(출 16:18a). 되나 말처럼 오멜이라는 도량형 도구로 만나를 재는 행위는 거둔 만나를 다시 재분배하는 작업이다. 그 누구도 한 오멜보다 많이 가질 수 없고, 한 오멜보다 적게 거둔 사람도 평균하게 한 오멜을 가진다. 평균함의 복음은 만나의 한 오멜 속에 자리잡고 있었다.

만나와 창조

만나와 관련해서 성경을 연구하다가 네덜란드에서 구약성경을 공부할 기회가 있었다. 만나에 대한 책들을 살펴보다가 만나를 기록한 출애굽기 16장의 구조가 창세기 1장의 구조와 유사하다는 것을 발견했다.

첫째, 하나님이 만나를 6일간 주셨다. 그리고 제7일은 안식일이기 때문에 만나를 주지 않고 쉬셨다. 창세기 1장의 창조도 동일한 7일의 구조이다. 하나님이 6일 동안 세상을 만드시고 제7일에 쉬셨다.

둘째, 하나님은 혼돈하고 공허한 상태에서(창 1:2) 6일간 창조를 통해 사람이 거주할 수 있는 세상을 만드셨다. 사람이 거주할 수 있다는 말은 사람이 먹고 생존할 수 있는 세상이라는 뜻이다. 혼돈하고 공허한 상태는 사람이 거주할 수 없는 상태인데 여기에 질서가 부여되고 짐승과 사람들에게 각기 먹거리를 주셨다. 만나 사건도 광야라는 혼돈하고 공허한 자리에(사 34:11) 먹을 것을 주심으로 사람이 살 수 있는 장소로 변화시킨 것이다.

셋째, 하나님은 말씀하신 그대로 사람들에게 먹을 것을 주셨고, 그런 세상을 하나님이 보시기에 좋았다고 평가하셨다. 누군가 굶주리고 있다면 그 상태는 하나님이 말씀하신 상태가 아니다. 성경은 먹을 것이 모든 사람에게 주어지는 세상, 먹을 것을 모두가 함께 나누어 먹는 세상을 좋은 세상, 선한 세상이라고 부른다. 만나의 분배도 마찬가지다. 많이 거둔 자도 남지 않고 적게 거둔 자도 모자라지 않아 모두 한 오멜의 만나를 거두었다. 평균함은 창조의 먹거리와 만나가 만나는 지점이다.

이 비교로 나는 만나 사건을 출애굽 한 백성을 위한 새로운 창조로 이해했다. 출애굽의 구원을 누리는 백성들이 만들어야 할 세상은 창조에서 의도한 선한 세상이다. 모두 공평한 떡과 물을 먹을 수 있는 세상이다. 창조는 공평한 먹거리를 제공하는 세상을 만들었다.

이 책에서 나는 창세기 1장에서 4장을 먹거리라는 관점으로 읽으려고 한다. 창세기를 읽어 가는 나의 관점이 최선이라고 생각하지는 않는다. 그러나 양극화가 두드러진 세상에 이러한 문제의식을 느낀다면 선한 세상을 이루는 길을 발견할 수 있을 것이다. 이제 여러분들과 함께 먹거리를 나누고 평균함의 원리로 필요를 채우는 선한 세상을 꿈꾸기 원한다.

창세기 1장과 먹거리

구약 신학자의 환경에 대한 관심

10년 전 일이다. 대한성서공회 강당에서 매월 열리는 성서학 학술 세미나에 참여했다. 트리블(P. Trible) 교수는 '다스림의 딜레마'(The Dilemma of Dominion)라는 주제로 창세기 1장에 대한 관심사를 들려주었다. 인간 창조(1:26-28)를 소개하면서, 하나님의 형상으로 창조된 인간의 주된 특징을 다스리는 일(1:26, 28)이라고 강조했다. 대항해시대의 유럽 열강은 "다스리라"는 언어를 아시아, 아프리카, 아메리카 원주민들을 미개하다고 여기고 개종, 개화하고 정복하는 침략의 정당화시키는 근거로 이해했다. 이러한 맥락에서 다스린다는 말은 폭력적이며 지배적인 측면을 강조한다.

트리블 교수는 다스림이라는 말이 오늘날 사용되는 현실에 의문을 제기했다. 성경은 하나님의 형상인 인간이 다스린 결과를 하나님이 보시기에 좋았다고 평가했는데, 과연 인간이 다스리는 지금 세상은 좋은 세상인가? 특히 지구 생태학이나 환경의 관점에서 좋은 세상, 혹은 선한 세상이라고 평가할 수 있는가? 그녀는 부정적이었다. 지구의 생태, 기후, 환경은 좋은 상태가 아닌데, 인간은 올바르게 다스렸을까? 트리블 교수의 강연을 들으며 다음과 같은 질문이 생겼다. 창세기 1장에서 하나님은 인간이 다스리라는 명령에 순종하는 것만 요구했을까? 그 순종의 결과로 선한 세상을 이루는 것까지 요구했을까?

강연이 끝나고 창세기 1장 26-28절, "하나님의 형상"과 31절, "하나님이 보시기에 좋았다"를 연결하여 다스림의 결과가 하나님 보시기에 좋은 세상이 되어야 했다고 지적한 내용에 대해서, 두 본문 사이에 나오는 29-30절을 어떤 의미로 읽어야 하는지 질문했다. 29절은 하나님이 채소와 과일들을 사람들에게 먹거리로 주시고, 30절은 푸른 풀을 동물들에게 먹거리로 주신다는 내용이다. "또 땅의 모든 짐승과 하늘의 모든 새와 생명이 있어 땅에 기는 모든 것에게는 내가 모든 푸른 풀을 먹을 거리로 주노라 하시니 그대로 되니라"(창 1:30). 그 이후 31절에 하나님이 보기에 좋았다는 평가가 나온다. 질문을 이해하지 못하는 것 같아서 구체적으로 다시 질문했다. 하나님의 형상으로 창조된 인간에게는 만물을 다스리는 특징이 있다. 그 결과는 하나님이 보시기에 좋아야 한다. 하나님이 보시기에 좋은 다스림을 강조했는데, 그러면 어떻게 해야 하는가?

구체적인 방법을 제시할 수 있는가? 그 구체적인 방법을 본문에서 찾아야 하지 않을까?

트리블 교수는 자신과 패널, 그리고 청중들이 그 방법을 스스로 찾아야 한다고 답했다. 나는 다시 그 구체적인 방법이 두 본문 사이에 있는 29-30절이 될 수 없는지, 인간이 다른 동료 인간들, 또한 함께 사는 동물들에게 먹거리를 공급하는 것이 다스림의 구체적인 내용이 아닌지 질문했다.

창세기 1장 30절은 창조 때의 실천이 "그대로 되었다"라고 말한다. 이 말씀은 사람과 짐승에게 먹거리가 공급되었다는 의미이다. 하나님이 보시기에 좋은 세상과 오늘날의 환경이나 기후 위기, 그리고 생태 환경의 파괴는 양립할 수 없다. 성경의 다스림이 사람과 짐승들이 살 수 있는 생태와 환경을 가꾼다는 의미라는 주장은 충분히 가능하지만, 인류의 생존과 관련된 먹거리에 대한 중요한 과제를 외면하고 명령과 결과만으로 다스림을 이해할 수 없다. 본문은 구체적인 방법을 제시한다. 하나님이 보시기에 좋은 세상이 되는 것이 답이지만, 그 답을 이루는 원칙적인 방법이 창세기 1장 29-30절의 먹거리 제공이다.

시드니 그레이다누스의 구속사적 읽기

이스라엘이 살았던 가나안 땅은 만나가 공급되는 광야가 아니었다. 이스라엘 백성들은 가나안의 바알 신을 믿는 신앙에 노출, 오염될 가능성이 컸다. 바알은 해와 달과 별의 신들과 함께 다산과 풍요를 조절하는 신이었기에, 가나안에서 먹거리를 확보하기 위해서는 이스라엘도 바알과 그 우상을 섬기려는 유혹을 받았다. 이런 환경에서 먹거리를 제공하는 것처럼 여기는 해와 달과 별이 신이 아니고, 단지 하나님이 만드신 피조물에 불과하다는 선언은 중요한 도전이었다. 엘리야와 같은 선지자들이 목숨을 걸고 바알과 대결했던 이유이기도 하다.

고대 근동 지역의 고고학 발견으로 당시 토판들과 성경이 아주 유사하다는 사실이 드러났다. 그 결과 성경이 고대 근동 문화의 산물에 불과하다는 주장에 직면했다. 성경은 어떻게 하나님의 말씀으로서 독특한 권위를 유지할 수 있을까? 시드니 그레이다누스(『구속사적 설교의 원리』[1])는 '고대 근동 모든 나라에서 해와 달과 별을 신으로 섬기지만, 성경은 하나님이 이것들을 창조하셨다고 말한다'라고 지적한다. 여기서 신적 존재들(해, 달, 별 등)의 비신화화가 일어난다. 천체의 존재들은 신적인 존재가 아니며 단지 지음을 받은 피조물에 불과하다.

---

1 이 책의 원제는 『오직 성경(Sola Scriptura)』로 네덜란드 개혁교회의 구속사 논쟁을 다룬 박사학위 논문이다. 필자가 SFC 출판부 간사일 때, 동료 권수경 목사에게 번역을 요청하여 출간했다.

구약 시대 이스라엘은 가나안 땅에서 바알과 같은 우상을 섬겨야 하는 위협을 받으면서 살았다. 해와 달과 별을 신으로 섬기는 환경에서 '하나님이 해와 달과 별을 만드셨다'는 창세기 1장의 말씀은 모든 천체를 신이 아닌 피조물로 격하시킴으로 창조주 하나님의 독특함과 뛰어남을 선언한다고 그레이다누스는 주장한다. 그는 우상의 시대를 뛰어넘는 성경 계시의 탁월함을 통해 창세기 1장의 넷째 날 창조를 신학적으로 해석했다.

창세기 1장과 "창조/진화"

1650년대 영국 주교 제임스 어셔(J. Usher)는 창세기 창조 연대에 관심을 가지고, 연대기를 정리해서 창조를 약 6천 년 전이라고 주장했다. 이 주장을 따라 오늘날에도 젊은 지구론을 주장하는 창조론자들이 이 연대에 화답한다. 그들은 지구의 나이가 1만 년이라고 주장한다.

19세기 후반에 다윈의 진화론에 대한 대응으로 창세기를 다시 읽기 시작했다. 진화론은 종과 종 사이의 대진화가 가능하다고 주장한다. 그러나 창세기 1장은 "종류대로"(창 1:11, 12, 21, 24, 25)라고 말한다. 하나님이 세상을 만드실 때 종류대로 만드셨다는 사실은 진화론과 대립한다. "종류대로"를 새롭게 발견하고 진화론에 대한 상대화를 이루면서 성경의 원칙을 제시한다.

창세기 1장과 "하나님의 형상"

창세기 1장에서 인간에 대한 관심은 "하나님의 형상"이 무엇인지에 대한 질문에 담겨 있다. 아우구스티누스 이후 교회는 하나님의 형상을 논의해 왔다. 천주교는 하나님의 형상을 인간이 소유한 어떤 특징으로 보았고, 개혁주의는 인간 자체를 하나님의 형상으로 보았다. 교회가 2천년 동안 질문했던 "하나님의 형상"은 윤리적인 문제에 답을 준다. 왜 인간을 학대하거나 고문하거나 죽이면 안 되는가? 사람은 동물과 어떻게 다른가? 이런 질문에 대한 중요한 답이 하나님의 형상이다. 하나님의 형상 논의는 인간의 삶과 자유에 기여하기도 했다. 그렇지만 대부분 신학 논의는 하나님의 형상이 무엇인가에 집중하였다. 과연 하나님의 형상이 무엇인가에 대한 논의가 그토록 중요했다면 성경이 이를 설명하지 않았을까? 성경은 하나님의 형상이 무엇인지를 당시 독자들이 이미 알고 있다고 전제한다. 오히려 성경은 하나님의 형상이 어떤 세상을 만들어야 하는가에 관심을 둔다.

하나님의 형상은 다스리는 행위로 자신의 정체성을 드러낸다(창 1:26-28). 그리고 그 다스림은 결국 하나님이 보시기에 좋은(창 1:31) 결과를 만들어 내야 한다. 다스림과 그 결과 사이를 이어주는 것이 바로 사람과 동물들에게 먹거리를 제공한다는 말씀이다(창 1:29-30). "그대로 되었다"라는 선언이 중요하다. 모든 창조의 날은 '그대로 되었다'는 결론에 이른다. '그대로 되었다'는 말은 모든 사람에게 그리고 짐승들에게 먹거리가 제공되었음을 말한다. 성경은 어떤 존재를 추상적으로 설명하기보다는 구체적으로 그리는데, 하나님의 형상을 언급하면서 삶의 현실에서 무엇을 실천해야 사람다운가에 관심을 둔다. 즉, 성경은 인간이 다스리는 행위를 통해 다른 사람과 짐승에게 먹을 것을 주는 존재임을 설명하면서 하나님의 형상을 언급한다.

한때 보수적인 기독교 신앙 운동 단체들은 기독교 세계관 운동에서 현실 문제에 대한 기독교적 대안을 찾았다. 당시 기독 청년들은 아브라함 카이퍼를 비롯한 네덜란드의 신칼뱅주의자들의 영향을 받아 형성된 기독교 세계관 운동에 대해 상당한 반응을 보였다. 기독교 세계관 책들이 다수 출판되었고, 관련 단체들도 생겨났다.

기독교 세계관 운동은 창조-타락-구속이라는 세계관적 이해를 기초로 한다. 그 결과 창조-타락-구속의 틀로 창세기를 읽는다. 그러나 이런 구조는 한국에서는 대화하고 논의하기 어려운 세계관이다. 19세기와 20세기 초, 네덜란드나 미국과 같은 서구 기독교 국가들에서나 가능한 논의이다.

다른 세상의 말과 언어로 만들어진 세계관으로 다른 세계관들과 비교하면서 그 세계관이 뛰어나다고 한다면 누가 들어 줄 것인가? 기독교 세계관이 기독 청년들의 현실에 대한 관심에는 부응했지만 세상과 소통하면서 경쟁하는 세계관으로 성장하지는 못한 이유를 어떻게 해석해야 할까? 모든 세계관은 자신의 정체성을 통해 다른 세계관과 구별되고 차이를 만든다. 그 구별과 차이가 더 많은 것을 포용하는지, 아니면 고립적이며 배타적인지에 따라 더 나은 세계관인지를 판단할 수 있다.

인간의 가장 큰 문제는 부족함에서 나온다. 오늘날 최고의 문제는 경제이다. 경제는 결핍과 부족이라는 문제를 다룰 수밖에 없고, 결핍과 부족이 만들어내는 먹거리의 문제는 우리가 가장 관심을 가지는 경제와도 관련이 된다. 부족한 먹거리는 인류 역사의 최고의 문제이다. 하나님이 창조하신 세상을 바라보는 세계관은 인간의 기본적인 문제인 먹거리의 부족이나 결핍의 문제를 해결하는 일에 어떻게 기여하는가? 사람들이 세계관을 통해 구체적이고 실제적으로 질문하고 이에 답변한다면 다른 모든 삶의 고통에 대한 질문에도 대답하고 소통할 수 있다.

창세기 1장에 대한 다양한 관심사들을 살펴보았다. 성경은 읽는 이들의 다양한 필요에 부응하는 책이다. 복음이 가진 능력은 다양한 현실을 담기 때문이다. 이제 하나님께서 사람들과 짐승들에게 먹거리를 주신다는 사실에 관심을 가지고 창세기 1장을 읽어 가려고 한다. 샬롬.

창세기 1장, 혼돈과 공허에서 나눔과 채움으로

6일의 창조가 담긴 구조

어린이가 읽는 그림 성경 첫 페이지를 열어 보자. 아이들에게 맞는 그림과 설명을 볼 수 있다. 하나님은 첫째 날에 빛을, 둘째 날에 우주 공간을 만드셨다. 셋째 날에는 바다와 육지를 나누고, 식물을 창조하셨고, 넷째 날에 해와 달과 별을, 다섯째 날에 물고기와 새를, 그리고 여섯째 날에 짐승과 사람을 창조하셨다. 일곱째 날에는 만드는 모든 일을 쉬셨다. 하나님이 말씀으로 이 세상을 참 아름답고 멋지게 만드셨다고 결론짓는다. 그러나 이것이 창세기 1장이 전하는 내용 전부가 아니다.

하나님은 세상을 6일 동안 창조하셨다. 그리고 일곱째 날에 쉬셨다. 왜

7일일까? 창조가 7일 동안 진행되었기 때문에 한 주간이 7일로 구성되었을까? 아니면 7일로 구성된 한 주간에 창조 사건을 맞추어 놓았을까? 하루가 아니고 일주일이어야 하는 이유가 있을까?

6일 창조는 크게 두 부분으로 이루어졌다. 나눔과 채움이다. 앞 3일은 나눔이, 뒤 3일은 채움이 있었다. 첫째 날은 빛이 생겨 낮과 어둠으로 나누어졌다. 둘째 날은 공간(궁창)이 생겨 물이 공간 위의 물과 공간 아래의 물로 나누어졌다. 셋째 날은 물이 한곳으로 모여 뭍이 드러나고, 결과적으로 물과 뭍이 나누어졌다. 전반부 사흘 동안 드러나는 창조의 특징은 나눔이다.

넷째 날 창조는 첫째 날과 어울린다. 하나님은 해와 달과 별을 만들어 첫째 날 낮과 밤을 주관하는 역할을 주셨다. 다섯째 날 만들어진 새와 물고기는 둘째 날에 상응한다. 새들은 둘째 날 궁창의 주인이 되고, 물고기들은 물의 주인이 되었다. 여섯째 날은 셋째 날과 짝을 이룬다. 짐승과 사람은 뭍의 주인이 되었다. 후반부 3일에는 전반부 3일 동안 나누어진 영역을 지배하는 각 주인이 자리를 잡았다. 창조의 6일은 아래 표처럼 나눔과 채움으로 구성할 수 있다.

	나눔	채움	
첫째 날	밝음과 어둠의 분리	큰 광명, 작은 광명, 별들	넷째 날
둘째 날	공간(궁창)과 물의 분리	공중의 새, 바다의 물고기	다섯째 날
셋째 날	물과 뭍의 분리	뭍의 짐승과 사람	여섯째 날

<표1> 창조의 6일 - 나눔과 채움

창세기 1장 2절과 창조의 설계도

땅이 혼돈하고 공허하며 흑암이 깊음 위에 있고

하나님의 영은 수면 위에 운행하시니라(창 1:2)

창세기 1장 2절은 6일 창조를 어떤 상태에서 시작했는지 보여 준다. 창조가 1장 1절부터 시작되었고, 그 결과가 1장 2절을 거쳐 6일 동안 진행된다. 1장 1절이 창조의 첫째 날을 포함하는지는 확실히 알 수 없다. 창세기 1장 1절에서 이미 시작된 창조의 일차적 결과가 1장 2절일 수 있다. 그 이후 6일의 창조가 시작되었다고 볼 수도 있다. 창조의 6일은 1장 2절부터 진행되고 있다. 왜 혼돈과 공허에서 6일의 창조가 시작되었는가?

땅이 혼돈하고 공허하였다. 혼돈은 분리되지 않고 섞여서 엉긴 상태를, 공허는 비어 있는 상태를 말한다. 또 깊은 흑암과 물이 있는 상태였다. 앞서 살펴본 6일의 창조는 나눔과 채움을 통해 하나님이 보시기에 좋은 세상을 만든 것이다. 첫 3일 동안 땅은 혼돈한 상태였으나 하나님은 나눔을 통해서 혼돈을 극복하셨다. 혼돈이 나눔을 통해 질서 있게 정리되는 모습을 첫 3일의 창조는 보여준다. 그러나 첫 3일의 창조로 비어 있는 공허가 채워지지 않았다. 후반부 3일 동안 하나님은 비어 있는 공간에 주관자들을 만드셨다. 이 주관자들은 비어 있는 공허한 상태를 채우는 주인들이다.

창세기 1장 2절에서 혼돈과 공허는 어둠과 물로 채워져 있었다. 어둠과 물로 뒤덮여 혼돈하고 공허한 상태에 빛이 들어와서 나눔이 일어나고 물과 뭍이 나누어졌다. 이어서 각 공간이 적절하게 채워져 하나님이 보시기에 좋은 상태로 창조되었다. 이처럼 나누어진 영역 속에 주인들이 적절하게 자기 자리를 잡은 것이 6일의 창조이다. 그러므로 창세기 1장 2절의 혼돈과 공허, 어둠과 물은 6일의 창조가 어떤 방식으로 일어날지를 알리는 설계도와 같다.

나눔과 채움의 목적 - 거주할 수 있는 세상

6일의 창조는 나눔과 채움의 구조로 이루어져 있다. 창세기 1장 2절에서 나눔과 채움으로 혼돈과 공허를 극복하는 목적은 무엇일까? 이것은 사람과 짐승이 거주할 수 있는 세상을 만들기 위해서이다. 구약에 나타난 혼돈과 공허를 살펴보자. 창세기 1장 2절을 제외하고 혼돈과 공허가 동시에 나오는 곳은 이사야와 예레미야이다.

당아새와 고슴도치가 그 땅을 차지하며 부엉이와 까마귀가 거기에 살 것이라
여호와께서 그 위에 혼란(혼돈)의 줄과 공허의 추를 드리우실 것인즉 (사 34:11)

보라 내가 땅을 본즉 혼돈하고 공허하며 하늘에는 빛이 없으며 (렘 4:23)

먼저 이사야의 경우, 여호와 하나님이 시온을 약탈한 에돔에 보복하여 사람이 살던 곳이 황폐해졌다. 그 땅에는 혼란의 줄과 공허의 추가 드리워져 국가의 통치자와 사람들과 가축들이 살 수 없다. 대신에 그곳에는 야생 동물이 거주하고 가시나무와 엉겅퀴가 자란다. 이사야 34장은 35장과 짝을 이루는데, 34장이 하나님이 보복하는 날에 궁궐터가 광야로 변하는 반면에 35장은 광야에 물이 솟아나고, 백합화가 핀다. 구속받은 자들은 대로를 통해서 돌아오고 기쁨의 자리로 회복되는데, 이것은 광야로 변했던 시온에 대로가 놓이며 사람이 사는 곳이 되었다는 의미이다. 이사야 34장의 혼돈과 공허는 사람이 살던 곳이 사람이 살 수 없는 광야와 같은 장소가 되었음을 의미한다.

예레미야 4장 23절은 예루살렘에 임한 심판의 결과이다. 전쟁에서 패망하여 좋은 땅이 황무지와 같은 상태가 되었다(렘 4:26). 좋은 땅은 농사를 지을 수 있는 땅이다. 그런데 예루살렘이 황무지가 되어서 사람과 새가 없는 땅으로 변했다. 이런 상태의 땅을 혼돈하고 공허하다고 설명한다. 혼돈하고 공허한 땅은 모든 질서가 무너진 땅이므로 광야 혹은 사막이나 폐허와 같다. 먹을 것이 나지 않으므로 사람이나 가축, 새들이 살

수 없다.

이사야 44장에서 하나님은 포로가 된 이스라엘 백성들에게 스스로 홀로 하나님이심을 선포하신다(사 44:8). 바벨론 포로 상황에서 이스라엘 백성들은 거대한 우상들과 마주친다. 그러나 우상을 만드는 자는 다 허망하다(9절). 허망하다는 말은 토후(תֹהוּ)로 창세기 1장 2절의 '공허하다'와 같은 단어이다. 우상을 만드는 행위나 우상을 섬기는 행위는 창조 이전 상태의 허망 혹은 공허한 상태로 돌아가는 것이다. 그러나 우리 하나님은 창조주이시다. 예레미야 선지자도 우상과 구별되는 하나님의 모습이 바로 창조라고 주장한다(렘 10:10).

이어지는 이사야 45장에서 이스라엘은 우상을 섬기면 부끄러움과 치욕을 당했지만, 하나님을 섬기면 구원을 얻는다고 말한다. 이어서 하나님은 창조주로서 창조의 목적을 제시하신다. 하나님은 지으신 땅을 견고하게 하시고, 혼돈하지 않게 하시고, 사람이 거주하게 하셨다(사 45:18). 하나님은 혼돈 중에서 찾을 수 있는 분이 아니다(사 45:19). 혼돈은 우상에게 속하기 때문이다. 공허한 우상을 섬긴 결과 이스라엘은 멸망하고 포로가 되는 수치와 부끄러움을 당하며 우상의 허망한 혼돈의 자리로 유배되었다. 그러나 돌이켜 창조주 하나님을 섬기면 구속이 일어나고 창조가 회복되어 백성들은 하나님이 창조하신 땅에 다시 견고하게 거주할 수 있다. 이처럼 창조는 혼돈이 아닌, 거주할 수 있음을 뜻한다. 사람이 거주할 수 있는 창조의 세계는 하나님의 의가 있고, 공의로운 말씀이 그대로 이루어지는 세상이다.

창조를 혼돈이 아니라 거주할 수 있는 세상을 만드는 것이라고 이해한 이사야의 문맥은 창세기 1장 2절에 나타난 창조의 의미와 통한다. 두 선지자가 말한 것처럼 생명이 거주할 수 있는 의로운 세상으로 회복된 창조 세계는 바로 창세기 1장을 염두에 둔 곳이다. 6일 동안 혼돈과 공허에서 나눔과 채움이 일어나 사람과 가축을 비롯한 짐승과 새들이 거주할 수 있는 세상이 되었다.

하나님은 하늘과 땅을 창조하셨다. 창조는 혼돈과 공허를 극복하고 나눔과 채움으로 질서를 잡는 하나님의 창조 행위를 보여 준다. 하나님께서 혼돈과 공허에서 6일 동안 나눔과 채움으로 온 세상을 창조하신 이유는 거주할 곳과 살 만한 곳을 만드시기 위해서이다.

하나님이 창조하신 세계는 사람이 거주할 수 있는 곳이며 또한 사람이 살만한 세상이다. 오늘날 주위를 둘러보자. 우리는 코로나 19 바이러스와 극심한 기후 변화와 같은 현상을 볼 수 있다. "지구온난화(global warming)의 시대는 끝났고 지구가 끓는(global boiling) 시대가 도래했다"라는 말을 듣는다. 그러나 이러한 혼돈과 같은 상황에 부닥친 것처럼 보이더라도 우리는 하나님께서 창조하신 이 세상을 살 수 없는 곳이라고 단정해서는 안 된다.

하나님은 우리를 구속의 은혜로 회복시키시고 우리가 살 수 있는 세상으로 보내신다. 우리를 창조하시고 구속하신 은혜는 하나님이 창조하신 세상, 즉 하나님이 질서와 계획을 넣어 두신 세상에서 혼돈과 공허를 이겨내야 한다. 세상의 혼돈과 공허는 창조에 대한 믿음과 관련된다. 이 땅을 하나님의 창조와 계획대로 사람이 살 수 있는 땅으로 만드셨다는 것을 잊지 말자. 샬롬.

먹거리가 공급되는 선한 세상

창조의 하루는 어떻게 구성되었는가?

6일 동안 이루어진 창조는 나눔과 채움의 구조를 가진다. 6일 각각이 개성이 있지만, 하루하루 공통적인 요소가 있다.

첫째는 하나님의 말씀이 선포된다. 창세기 1장은 "하나님이 이르시되"로 표현한다. "빛이 있으라(3절)", "궁창이 있어 ... 나뉘라(6절)", "물이 한곳으로 모이고 뭍이 드러나라(9절)" "땅은 식물을 내라"(11절), "큰 광명과 작은 광명이 있어 ... 징조와 계절과 날과 해를 이루게 하라(14절)", "물에 생물이 번성하고 하늘에는 새가 날아라(20절)", "땅은 생물을 종류대로 내라(24절)", "사람을 만들고 ... 모든 것을 다스리게 하자(26절)."

하나님은 말씀으로 사람이 거주할 수 있는 세상을 창조하신다.

둘째는 "그대로 되었다"라는 표현이다. 말씀이 그대로 된다. 말씀이 '그대로 되었다'는 것은 창조 질서의 형성이다. 그대로 되지 않으면 창조에는 위기가 닥친다. 예를 들어 세상에 빛이 없으면 창조는 와해된다. 종말의 심판은 해와 달이 빛을 잃는 것과 관련이 있다(욜 2:31).[1] 궁창이 있어 하늘 위의 물과 아래의 물을 갈라 놓았는데 그렇지 못하면 노아 홍수와 같은 심판이 된다. 하늘의 문이 열리면 물을 가두어 놓지 못하기 때문이다(창 7:11-12).[2] 쓰나미와 같이 물과 뭍의 경계가 사라지면 세상은 고통 그 자체가 된다(시 104:9).[3]

셋째, 말씀이 그대로 되는 세상은 하나님 보시기에 좋은 세상이다. 하나님이 창조하신 세상은 말씀하신 그대로 이루어졌으며 매일 하나님이 보시기에 좋은, 즉 선한 세상으로 평가되었다.

하나님이 창조하신 6일의 세상은 나눔과 채움으로 이루어졌다. 사람이 거주하여 살 수 있는 세상인 동시에 하나님 보시기에 좋은 곳이다. 하나님이 보시기에 좋은 세상은 말씀이 그대로 되는 곳이다. 말씀이 그대로

---

1 여호와의 크고 두려운 날이 이르기 전에 해가 어두워지고 달이 핏빛 같이 변하려니와 (욜 2:31)

2 노아가 육백 세 되던 해 둘째 달 곧 그 달 열이렛날이라 그 날에 큰 깊음의 샘들이 터지며 하늘의 창문들이 열려 사십 주야를 비가 땅에 쏟아졌더라 (창 7:11-12)

3 주께서 물의 경계를 정하여 넘치지 못하게 하시며 다시 돌아와 땅을 덮지 못하게 하셨나이다 (시 104:9)

되지 않는 세상은 위기이다. 성도들은 창조의 회복을 구속의 목표 지점으로 놓고, 말씀을 순종하며 살아간다. 말씀이 그대로 되지 않고 왜곡될 때 죄와 무질서, 책임 전가와 미움, 살인, 학대와 억압, 그리고 전쟁과 같은 혼돈과 공허가 발생한다. 이런 관점에서 새벽에 말씀과 기도로 하루를 시작하는 한국 교회의 전통은 아름답다. 창조하신 세상을 마음에 품고 아침을 여는 성도들의 삶은 하나님 보시기에 좋은 삶이다.

창조의 제3일과 제6일의 이중적 특징

창조의 6일에서 앞 3일은 영역이 나누어졌고, 이어진 3일은 나누어진 영역이 채워졌다. 1일과 4일, 2일과 5일, 3일과 6일이 서로 대응한다(<도표 2> 참고). 특히 3일과 6일의 관계는 이중적이다. 창조의 하루는 "말씀이 그대로 되었다", "하나님 보시기에 좋았다"라는 평가로 구성되는데, 제3일과 제6일은 이 표현이 두 번 반복된다.

하나님은 셋째 날에 천하의 물이 한곳으로 모이고 뭍이 드러나라고 말씀하신다(9a절). 그대로 되었다(9b절). 그리고 하나님 보시기에 좋았다(10절). 이것들이 셋째 날의 하루를 구성하는 세 요소이다. 그런데 저녁이 되고 아침이 되니 이는 셋째 날이더라는 결론으로 진행되지 않고, 다시 말씀이 이어진다. 땅은 풀과 채소와 열매 맺는 나무를 내라고 말씀하시고(11a절), 그대로 되었다(11b절). 그리고 보시기에 좋았다(12절). 이제야 셋째 날이 마무리된다(13절). 그러므로 셋째 날은 이중 창조가 진행되었다.

여섯째 날도 마찬가지이다. 땅이 생물을 종류대로 내라고 말씀하신다 (24a). 그대로 되었다(24b절). 그리고 보시기에 좋았다(25절). 그런데 저녁이 되고 아침이 되니 여섯째 날이라는 결론이 나오지 않는다. 이 결론은 31절에 나온다. 그 사이에 다시 한번 창조가 말씀으로 진행된다(26-30절). 우리의 형상대로 사람을 만들어 모든 것을 다스리게 하자고 의논하시고(26절), 만드시고(27절), 다스리게 하신다(28절). 그리고 사람에게 채소와 열매 맺는 나무의 열매를 먹을 것으로 주셨다(29절). 또한 짐승에게 풀을 먹을 것으로 주셨다(30절). 그리고 그대로 되었다(30b절). 보시기에 심히 좋았다(31a절). 두 번의 창조가 반복되고 저녁이 되고 아침이 되니 여섯째 날이라는 결론이 나온다(31b절). 여섯째 날에 짐승의 창조와 사람의 창조가 각각 이루어졌다. 짐승과 사람에게 먹을 것을 주시는 명령이 그대로 되었고, 하나님은 이것을 보시기에 좋았다고 평가하신다. 역시 이중적인 창조이다.

셋째 날에는 물이 한곳으로 모여 뭍이 드러나고, 여섯째 날에는 그 뭍에 짐승과 사람이 거하도록 창조하셨다. 여기에서 더 나아가 짐승과 사람에게 먹을 것을 주시는 것까지 창조의 행위이다. 사람에게는 채소와 과목의 열매를, 짐승에게는 풀을 먹거리로 주신다. 이것은 여섯째 날 두 번째 창조에서 만드신 것들이다. 셋째 날과 여섯째 날은 해당 영역에서 나는 풀과 채소와 열매 맺는 나무가 짐승과 사람의 먹거리로 주어지는 관계를 맺어 더욱 깊은 상관성을 나타낸다. 이런 내용을 아래와 같이 <표 2>로 만들 수 있다.

	나눔	채움	
첫째 날	밝음과 어둠의 분리	큰 광명, 작은 광명, 별들	넷째 날
둘째 날	공간(궁창)과 물의 분리	공중의 새, 바다의 물고기	다섯째 날
셋째 날 (1)	물과 뭍의 분리	뭍의 짐승과 사람	여섯째 날(1)
셋째 날(2)	뭍에 풀, 채소, 과목	사람을 하나님의 형상으로 짐승에게 풀, 사람에게 채소와 과목	여섯째 날(2)

<표2> 창조의 6일 - 제3일, 제6일의 이중 창조

6일간의 창조와 먹을 것

앞에서 언급한 것처럼 6일 동안 창조된 세상은 단순히 거주의 공간이 아니라 먹거리가 공급되는 곳이다. 하나님이 창조하신 세상에서 사람과 짐승은 먹을 것을 공급받아 살아갈 수 있다. 이것은 "그대로 되었다"라는 말씀으로 정해진다.

실제로 세상에는 하나님이 주신 먹거리가 충분히 생산된다. 멜서스는 식량은 산술급수적으로 증가하고 인구는 기하급수적으로 증가하기에 기아가 닥칠 것이라고 경고했다. 그러나 현재 식량은 인구가 먹고 남을 만큼 생산되고 있다. 심지어 가격 조정을 위해 식량을 바다에 버리기까지 한다. 2019년에 출간된 장 지글러의 『왜 세계의 가난은 사라지지 않는가』에 의하면, 10세 미만의 아이가 5초에 한 명씩 굶어 죽는다. 이런 현실은 하나님의 창조가 작동되지 않는, 종말적이고 파괴적인 상황이다. 세상에는 현재 인구의 두 배가 먹고 살 만큼의 식량이 생산되고 있다. 그런데 왜 먹을 것이 제대로 공급되지 않는가? 이 세상은 하나님이 창조하신 그대로 된 세상이 아닌가? 하나님은 먹을 것을 충분하게 주셨으나 현실에는 먹지 못하는 사람들이 있다. 이런 세상은 창조의 선한 상태와 거리가 멀다.

무너진 선한 세상을 바라보는 그리스도인의 시각

하나님이 창조하신 세상은 인간이 거주하도록 잘 구성되었다. 하나님의 말씀이 그대로 되어 먹거리가 공급되는 선한 세상이었다. 비록 굶주림 같은 악이 있는 현실이지만 그리스도인은 하나님의 말씀이 그대로 되게 해야 한다. 죄를 극복하고 이겨내야 한다. 하나님께서 창조하신 세계를 언급하는 시편 8편과 19편을 살펴보자.

시편 8편은 주님이 창조하신 세상을 인간이 다스리게 하셨다고 말한다. 그 다스림은 원수들과 보복하는 자들을 잠잠하게 하려 하심이다(시 8:2). 하나님이 창조하신 세상이라는 것을 이해하고 하나님의 이름을 부르는 주의 백성들, 특히 어린아이들을 통해서 죄를 이기도록 하신다. 시편 19편도 마찬가지이다. 자연(1-6절)은 율법(7-10절)을 담는 그릇이다. 자연을 통해 하나님이 하시는 일을 보는 하나님의 백성은 율법의 말씀을 꿀보다 더 사모한다(10절). 그러므로 하나님의 백성은 창조하신 자연의 소리와 율법을 통해 죄와 허물을 깨닫고 죄를 극복하는 기회로 삼는다(11-14절). 자연은 하나님의 말씀을 담아내고, 나아가 죄와 악을 이기도록 인도한다. 즉 선한 세상을 이루도록 한다.

나눔과 채움의 원리로 창조된 세상은 인간이 살 수 있는 환경이었다. 그뿐만 아니라 셋째 날과 여섯째 날의 이중 창조를 통해 먹거리가 충분히 공급되었다. 그러므로 굶주림과 굶어 죽는 일이 있는 세상은 무엇인가 잘못되었다. 성경은 이런 문제점에 대해 침묵하지 않는다. 우리는 창조 질서가 어그러진 현실들에 대해서 침묵하고 있지 않은가? 하나님의 창조 목적을 이해하고 그 목적을 이해하는 하나님의 백성은 선한 세상을 이룬다. 샬롬.

먹거리와 하나님의 형상은 어떤 관계인가

여섯째 날, 두 번째 창조와 하나님의 형상

여섯째 날은 뭍의 주인들인 짐승의 창조와 사람의 창조로 구성된 이중 창조가 있다. 두 창조에는 하나님의 말씀, 말씀이 그대로 되었다는 표현, 보시기에 좋았다는 평가가 있다. 필자는 사람의 창조에 집중한다. 창세 기 1장 26-31절은 다음과 같이 구성된다.

26-28 사람을 하나님의 형상으로 만드시는 하나님의 말씀

29-30a 사람과 짐승에게 먹을 것을 주시는 하나님의 말씀

30b 그대로 되니라

31a 보시기에 좋았더라

31b 결론 - 여섯째 날이더라

'하나님의 형상으로 만들었다'와 '먹을 것을 주신다'라는 두 말씀은 모두 '그대로 되니라'와 연결된다. 사람을 '하나님의 형상으로 만드신다'는 말씀과 사람과 짐승에게 먹을 것을 주시는 말씀이 그대로 되니 좋은 세상이다. 그렇다면 하나님의 형상으로 사람을 만들었다는 것과 사람과 짐승에게 먹거리를 주시는 것 사이에는 어떤 관계가 있을까? 지금도 하나님은 먹거리를 충분히 주시기에 세상은 선하다. 그런데 하나님의 형상인 사람이 하나님의 형상에 어울리게 살지 못하기 때문에 동료 인간들이 굶주림에 허덕이는 것은 아닐까? 이런 연결 가능성을 염두에 두면서 왜 인간을 하나님의 형상으로 창조했는지 살펴보자.

하나님의 형상과 본문 이해

성경에서 인간 이해의 핵심은 하나님의 형상이다. 사람의 가치는 무엇인가? 사람과 짐승은 어떤 차이가 있는가? 짐승도 충분한 지각이 있고 고통도 느끼기에 최근에는 동물의 권리를 중요하게 여긴다. 물론 동물과 사람을 같이 비교할 수 없다. 그렇다면 왜 특별히 사람을 더 존중해야 하는가? 사람이라는 사실 말고는 더 쉽게 답을 찾기 어렵다. 성경은 이 질문에 진지하게 답한다. 사람은 하나님의 형상이기 때문이다. 하나님의 형상은 신학적 인간론의 핵심이다.

이런 이해를 잘 말해 주는 것이 "다스리라"라는 표현이다. "다스리라"(히브리어 라다[רדה])는 창세기 1장 26절과 28절에 반복해서 나온다. 26-28절에는 "생육하고, 번성하고, 정복하고, 충만하라"라는 명령도 함께 있다. 이것은 바다의 생물과 새에게도 주어진 명령이다(창 1:22). 그런데 다스리라는 명령은 사람에게만 주어졌다. 하나님의 형상인 인간은 다스리는 존재다. 고대 근동, 특히 애굽에서 신의 형상이란 표현은 오직 통치자인 바로에게만 돌린다. 그러나 성경은 인간 자체가 하나님의 형상이라고 규정한다. 인간이 모든 피조 세계를 다스리는 행위를 하기 때문이다. 특정한 인간이 아닌 모든 인간이 그 자체로 하나님의 형상이다.

하나님의 형상 논의에서 부족한 점

2천 년 기독교 역사를 통해 하나님의 형상이 무엇인가를 이해하려는 신학적 노력이 지속되었다. 그 과정에서 성경이 말하는 하나님의 형상에 어떤 목적이 있는지, 그리고 하나님의 형상에 대한 논의에서 부족한 부분이 없는지 살펴보자. 창세기 1장은 하나님의 형상이므로 인간이 다스리는 존재가 되어야 한다고 말한다. 다스림은 생육과 번성, 충만함만으로는 다 설명되지 않는다. 다스림에는 하나님의 특별한 의지가 담겨 있다.

여섯째 날의 두 번째 창조에서 하나님의 형상인 인간의 다스림과 사람과 짐승에게 먹을 것을 주신 것은 모두 그대로 되었다. 하나님은 인간의 다스림을 통해 충분하게 먹거리를 공급하신다. 창조 이후 세상은 하나님의 형상인 인간이 다스린다. 하지만 충분하게 먹을 수 있던 세상이 굶주림이 있는 현실로 바뀌었다. 누구의 잘못인가?

하나님의 형상, 사람이 다스린 결과는 어떠해야 하는가? 하나님의 형상이 무엇인지만을 묻지 말고, 하나님의 형상인 인간이 세상을 다스린 결과가 무엇이었는지 물어야 한다. 사람을 하나님의 형상으로 만드시는 하나님의 말씀(창 1:26-28)과 사람과 짐승에게 먹을 것을 주시는 하나님의 말씀(창 1:29-30) 모두 "이르시되"를 사용한 것은 두 가지 사실이 동등하게 중요한 것을 보여 준다. 다스리는 행위는 다른 무엇보다도 때를 따라 주어진 먹거리를 인간과 짐승에게 잘 공급하는 방식으로 드러나야 했다. 먹거리는 가장 원초적인 필요이기 때문이다. 누군가 굶주린다면 그것은 제대로 다스리지 못한 인간의 잘못이며 책임이다. 곳간에 곡식이 산더미로 쌓여 있는데 옆에서 누군가 굶도록 내버려둔다면, 그 곡식을 쌓아 놓은 사람은 올바르게 다스리는 사람이 아니며, 하나님의 형상이 아니다.

복음서에 나오는 부자와 나사로 사건을 보자. 호화롭게 즐기는 부자의 집 문에 병든 나사로가 버려져 있었다. 부자와 나사로가 모두 죽은 뒤에 부자는 음부에서 고생하고, 나사로는 아브라함의 품에 안긴다. 왜 이런 차이가 발생했는가? 부자의 문제는 단지 부자이기 때문이 아니다. 아브라함의 말은 부자의 문제를 명백하게 보여 준다. 그는 대문 앞에 버려진 나사로의 고난을 돌보지 않고 자신의 부와 풍요를 즐겼다.

너는 살았을 때에 좋은 것을 받았고 나사로는 고난을 받았으니

이것을 기억하라

이제 그는 여기서 위로를 받고 너는 괴로움을 받느니라(눅 16:25)

대문에 있는 나사로를 병든 채 버려두고 차별적 삶을 즐겼던 부자는 다른 이유가 아니라 바로 그 차별적 삶의 방식 때문에 죽음 후에 괴로움을 받는다. 이 부자는 재물, 곧 먹을 것을 잘못 다스렸다.

우리가 하나님의 형상을 논의할 때 이런 질문을 해야 한다. 하나님의 형상으로 창조되어 다스릴 책임을 맡은 인간은 다른 인간의 생존과 필요를 채우기 위하여 어떤 결과를 만들어야 하는가? 하나님이 공급하신 먹거리를 동료 인간들과 짐승들에게 잘 공급하여 말씀이 그대로 이루어지게 해야 한다. 그러한 다스림이 이루어지는 세상이 선한 세상이다. 샬롬.

하나님의 형상과 매우 선한 세상

"보시기에 좋았더라"가 없는 둘째 날

창세기 1장에 묘사된 6일 창조는 둘째 날을 제외하고 모두 "하나님이 보시니 좋았더라"라고 평가한다. 왜 둘째 날에는 이 표현이 없을까? 이 질문을 해결하려는 몇 가지 시도가 있다.

첫째, 둘째 날에 대한 부정적 이해이다. 둘째 날의 공간, 곧 궁창의 창조에 부정적인 뜻이 담겼다는 주장이다. 이 주장의 근거는 궁창을 공중의 권세 잡은 자들의 영역(엡 2:2, 6:12)으로 보기 때문이다. 창세기 1장 1절의 창조 결과를 2절에서 혼돈하다고 설명한 것은 천사들의 타락이라는 과정이 들어 있고 그 결과 둘째 날에 만든 공간은 타락한 천사들의 공간이 되었다는 입장이다. 본문에서 찾기 어려운 근거이다. 이 해석은 과도해 보인다.

둘째, "좋았더라"라는 표현이 꼭 '매번 있어야 하는가'라는 질문이다. 히브리어 성경, 마소라 본문(MT)은 둘째 날을 좋았다고 말하지 않지만, 헬라어 성경, 70인역(LXX)에는 이 표현이 있다. 몇 년 전, 구약학자 임마누엘 토브(E. Tov)의 강의에서 질문한 적이 있다. 왜 둘째 날 창조에서 마소라 본문은 "보시기에 좋았더라"가 없고 칠십인역에는 있는가? 답변은 아주 단순했다. "매번 있는 것이 자연스러운가? 더 좋은 것이라고 할 수 있는가? 오히려 매번 있는 것이 더 의도적이지 않은가?" 라고 반문했다. 6일 중 하루에 동일한 표현이 없다고 해서 다른 날의 평가와 다르지 않다는 답변이었다.

셋째, 둘째 날 창조가 물의 깊음 위에 있다는 창세기 1장 2절의 상황을 완전히 극복하지 못했기 때문에 좋지 않다고 보는 입장이다. 창세기 1장 2절은 창조의 6일에 대한 프로그램이다. 그 프로그램은 6일 동안 혼돈과 공허를 없애고 창조하는 내용이다. 첫째 날은 빛으로 흑암을 없애고, 둘째 날은 궁창을 두어 물을 해결하기 시작했다. 그런데 여전히 땅은 물에 잠긴 상태이다. 셋째 날이 되어서야 물이 한곳에 모이고 땅이 드러나 혼돈이 분리된다. 둘째 날에는 물이 온전히 분리되지 않았기 때문에 좋았더라는 평가가 없다는 입장이다. 그러나 둘째 날은 공간에 관심을 가진다. 궁창은 나중에 새가 주인이 될 공간이고 부족함이 없다. 물이 아직 드러나지 않아서 "좋았더라"가 없다면 아직 해나 별이 없는 첫째 날도 좋을 수가 없다. 이는 둘째 날 자체의 목적을 간과했다.

왜 여섯째 날 창조는 매우 좋았는가?

둘째 날은 "좋았더라"라는 하나님의 평가가 없어서 관심거리이지만, 반대로 제3일과 제6일은 이중 창조의 결과로 "좋았더라"가 두 번 등장한다. 여섯째 날 창조의 두 평가를 보자. 첫 번째 평가는 짐승을 만드시고 "보시기에 좋다"라고 평가한다. 이것은 다른 날들의 "좋았더라"와 다르지 않다. 그런데 두 번째 평가는 "매우 좋았다"라고 한다. 왜 "매우"가 들어갔는가? 이것은 강조이다. 무엇을 강조하는가? 여섯째 날의 두 번째 창조가 무엇이기에 하나님이 보시기에 매우 좋았는가?

일반적인 관점은 매우 좋았다는 평가를 여섯째 날에만 제한하지 않고 6일 창조 전체에 대한 평가라고 보는 것이다. 이 평가가 여섯째 날 마지막에 나오기 때문이다. 그러나 셋째 날과 여섯째 날의 이중 창조에서 두 번째 나오는 평가가 전체에 대한 평가라고 보는 관점이 자연스럽지는 않다. 오히려 여섯째 날의 두 번째 창조가 특별하기 때문에 강조하는 것으로 보는 입장이 문맥적으로 타당하다. 여섯째 날의 두 번째 창조는 인간 창조이다. 인간은 하나님의 형상으로 지음을 받았다. 인간은 다스림을 통해 동료 사람과 짐승들에게 먹거리를 주어 세상을 유지하는 역할을 한다. 인간은 하나님의 형상으로 창조되어 하나님의 기대를 한 몸에 받는다. 인간은 하나님을 대신해 통치하며 먹거리를 공급해 세상을 선하게 만들어 간다. 하나님은 인간의 이러한 역할에 최고의 가치를 매기신다. 이는 매우 좋은 일, 매우 선한 일이다. 다른 사람의 먹을 것, 즉 필요를 채우는 삶이 가장 선하다. 여기에서 창조라는 꽃이 활짝 만개한다.

하나님의 형상

하나님의 형상이 나타나는 창세기 9장 6절은 살인에 대한 보복의 근거를 제시한다.

> 다른 사람의 피를 흘리면 그 사람의 피도 흘릴 것이니
>
> 이는 하나님이 자기 형상대로 사람을 지으셨음이니라(창 9:6)

이 구절의 문맥은 하나님이 먹거리로 육식을 허락하시는 상황이다(창 9:3-4). 홍수 후에 하나님이 노아와 언약을 체결하면서 주신 말씀이다. 하나님이 노아에게 생육하고 번성하라고 하셨고 이를 성취하기 위해 무지개를 언약의 증거로 세워 다시는 물로 세상을 심판하지 않겠다고 약속하셨다. 왜 심판하지 않고 보존하시는가? 사람들이 생육하고 번성하는 창조의 목적을 이루기 위해서이다. 생육과 번성을 위해 적극적인 명령과 소극적인 명령을 주신다. 적극적인 명령은 모든 산 동물이 먹거리가 되게 하고, 소극적인 명령은 살인했을 때 보복할 수 있게 한다. 왜 살인에 대해 보복이 있는가? 사람은 하나님의 형상이기 때문이다. 살인자

를 다른 사람이 보복할 수 있는 명령이다. 원래 사람은 다른 사람의 먹을 것을 공급하는 다스림을 통해 살리는 역할을 해야 하는데, 살인자는 오히려 다른 사람을 죽였으니 하나님의 형상답지 못하다. 이는 다스리는 역할이 확장된 적용이다. 또한 생육과 번성을 위해서 먹거리를 육식으로 확장하였다. 먹거리가 부족했나 보다. 이것을 기회로 인간은 부족한 먹거리를 차지하기 위해 싸우면서 살인과 전쟁도 불사한다. 이런 인간은 하나님의 형상답지 못하다.

하나님의 형상이란 말은 야고보서에 다시 등장한다(약 3:9). 하나님의 형상대로 지음을 받은 사람을 입 혹은 혀로 저주하는 것이 마땅하지 않다고 선언한다. 저주와 욕은 예수님이 산상수훈에서 말씀하신 것처럼 살인과 같다(마 5:22). 창세기 9장 6절과 같은 차원의 말씀이다. 인간은 하나님의 형상이기에 다른 사람에게 먹을 것을 공급하고 살리는 하나님의 다스림을 대신한다. 다른 사람의 삶에 도움을 주어야 할 존재가 오히려 죽이고 학대하고 저주한다면 하나님의 형상다운 존재일 수 없다. 창세기와 야고보서의 관점은 연속선 위에 있다.

예수님이 예루살렘에 들어오신 후 성전에서 세금을 바치는 일로 질문을 받으셨다. 예수님은 동전에 누구의 형상과 글이 있는지 물으셨다(마 22:15-22). 질문자는 가이사의 것이 새겨져 있다고 대답한다. 예수님은 가이사의 것은 가이사에게 바치고 하나님의 것은 하나님께 바치라고 하신다. 가이사의 형상과 글이 있다면 가이사에게 바치는 것이 마땅하다.

그러나 하나님의 것, 즉 하나님의 형상과 하나님의 글이 담긴 것은 하나님께 바치라는 뜻이다. 돈은 가이사에게 바치지만, 하나님의 형상과 글을 담고 있는 인간 자신은 철저히 하나님께 바쳐져야 한다. 인간은 하나님의 형상 즉 하나님의 글과 의지가 담긴 존재이기 때문에 그 가치가 특별하다. 하나님의 글과 의지가 무엇인가? 글이 표면적이라면 의지는 글에 담긴 본뜻이다. 바로 하나님을 사랑하는 것이고 인간이 서로를 사랑하는 것이다. 즉 먹이고 살리는 일이며, 상대를 저주하고 욕하기보다는 명예롭게 만드는 것이다.

하나님의 형상인 인간은 동료 인간들의 필요를 공급하기 위해 서로 돕고 세워서 선한 세상을 만들어야 한다. 하나님의 의지는 하나님의 형상에 담겨 있다. 그 의지는 서로의 먹거리와 필요를 채우기 위해 다스리고 섬기는 것이다. 다른 말로 이웃 사랑이다. 이웃 사랑은 하나님의 의지를 표현하기에 하나님의 말씀을 존중하는 하나님 사랑과 함께 갈 수밖에 없다. 하나님은 서로의 필요를 채우는 사람을 보시고 매우 좋았다고 평가하신다. 샬롬.

왜 채식인가

육식과 죄의 문제

창세기 1장 창조에서 하나님은 채식만을 허락하셨다. 노아 홍수 이후에 육식이 허락되었다.

> 모든 산 동물은 너희의 먹을 것이 될지라
> 채소 같이 내가 이것을 다 너희에게 주노라(창 9:3)

육식은 창조 때 주어진 먹거리가 아니고 죄가 자라난 후 허락되었다. 선악과 사건과 가인의 후손의 성장, 그리고 노아 홍수를 지나고 나서 주어진 먹거리가 육식이다. 죄와 타락은 사람과 짐승의 관계를 변화시켰다.

선악과를 먹은 후에 사람은 자신이 벌거벗었음을 알았다. 하나님은 선악과를 먹은 결과라고 확정하신다(창 3:11). 선악과를 먹지 않는 것은 선이고, 먹는 것은 악이다. 선악과를 먹은 결과 벌거벗음을 알았고, 벌거벗음을 가리는 것은 악을 가리는 수단이다. 처음에는 사람이 무화과나무잎을 엮어 치마를 만들어 몸을 가렸다(창 3:7). 에덴에서 추방될 때 하나님이 가죽옷을 지어 입히셨다(창 3:21). 가죽옷은 짐승의 희생을 전제한다. 짐승의 희생은 악, 또는 죄를 가린다. 여기서 희생 제사가 기원했다. 실제로 가인과 아벨의 제사를 보면, 양의 첫 새끼와 그 기름을 제물로 정기적으로 제사를 드렸다(창 4:3-4). 곡물과 함께 가축도 제물이 된다. 제물이 된다는 것은 음식이 된다는 뜻이다.

타락한 이후 인간은 죄와 악을 가리는 수단으로 식물과 동물을 제물로 하나님께 제사를 드렸고 이를 음식으로 먹었다. 죄가 계속 성장하고 노아 홍수가 일어난다. 홍수가 지나고 나서 하나님은 공식적으로 육식을 먹거리로 인정하는 법을 주신다(창 9:3). 아마도 이미 홍수 이전부터 고기를 제사 음식으로 먹는 관행이 있으므로 법으로 규정했을 것이다. 법은 현실을 반영하기 때문이다.

이런 사실은 육식과 인간의 죄와 악이 상호 관련이 있음을 알려준다. 짐승의 가죽이 인간의 악을 가리는 수단으로 도입되면서 육식이 공식화된다. 육식이 허용되었다고 하지만 악을 가리는 수단을 넘어, 육식이 악을 강화하는 수단이 될 수 있을까? 육식이 성경에서 어떤 의미인지 살펴보자. 고기를 먹는 것을 고민한 장면들이 성경에 등장한다. 다니엘은 바벨론의 진미와 포도주를 거절했다. 느부갓네살 왕은 들로 쫓겨나서 풀을 먹었다. 이사야 선지자는 이상적인 종말의 사회를 동물원에 비유하면서 사자가 풀을 먹는 그림을 그린다(사 11:6-9, 65:25).

다니엘과 채식

다니엘과 소년들은 기원전 605년에 바벨론 제국의 포로가 되었다. 바벨론은 넓은 제국을 지배하기 위해 식민지의 엘리트들을 선발하여 제국의 교육을 받게 하고 관리로 등용하는 정책을 취했다. 이 과정이 다니엘 1장에 나타난다. 다니엘과 소년들은 흠이 없고 용모가 아름다우며 모든 지혜를 통찰하며 지식에 통달하며 학문에 익숙하여 왕궁에 설 만했다. 이들에게 갈대아, 곧 바벨론의 학문과 언어를 가르치게 했다. 이미 충분한 자질을 가진 소년들을 선발해서 바벨론으로 데리고 갔고 바벨론 사람으로 만들기 위해 언어를 가르치고 교육했다. 바벨론 제국의 먹거리가 몸에 배도록 왕의 음식과 포도주를 날마다 먹이면서 삼 년 동안 양육했고 이름도 바벨론식으로 개명했다. 철저히 바벨론의 사람을 만들려고 한다.

다니엘과 친구들은 뜻을 정한다. 왕의 음식과 포도주로 자기를 더럽히지 않기로 작정한다. 그들은 교육의 책임을 맡은 환관장에게 요구한다. 다니엘의 요구는 조건부로 허락받았다. 열흘 동안 채식과 물만 먹고 왕의 음식과 포도주를 먹은 이들과 비교하는 조건이다. 결과는 채식을 한 소년들의 얼굴이 초췌하지 않고 오히려 더 아름답고 윤택하여 다른 소년들보다 좋게 보였다. 결과적으로 왕의 음식과 포도주 대신 채식을 먹도록 허락되었다. 다니엘과 그 친구들이 왕의 음식을 거절하고 채식만을 고집하기로 뜻을 정한 이유는 무엇일까?

먼저 왕의 음식과 포도주가 자기들을 더럽힌다고 판단했기 때문이다(단 1:8). 더럽힌다는 말은 구약의 정결의 원리를 담은 표현이다. 정결한 것만이 하나님의 것으로 드려져서 거룩해질 수 있다는 것이 정결의 원리이다. 더럽혀지는 것은 부정해지는 것이다. 왕의 음식은 왕이 섬기는 신에게 드려진 음식이기에 그것을 먹으면 하나님의 백성은 정결하지 않다고 여겼다. 단순히 이방인이 먹는 음식이기 때문에 정결하지 않다면, 채식도 마찬가지로 이방인의 음식으로 정결하지 않다.

왕의 음식은 어떤 것일까? 포도주와 함께 먹는 음식이라는 것과 다니엘과 소년들이 채식을 요구한 것, 이 두 가지 사실로 보아 육식이 틀림없다. 환관장은 소년들이 고기를 먹고 살이 찌고 윤택해지기를 바란다. 다니엘과 친구들은 왕의 음식인 육식을 거부했다. 하나님은 이 결정을 응원하신다(단 1:9). 하나님은 다니엘이 환관장에게 은혜와 긍휼을 얻게 하셨다. 다니엘서의 저자는 다니엘의 결정과 하나님이 베푸신 은혜와 긍휼은 상호 관련되어 보이도록 기록했다. 다니엘은 하나님과 관련된 행동으로 채식을 주장했고, 그 결과로 다른 소년들보다 보기에 더 아름다웠고 좋았다(단 1:15). 아름다움은 히브리어 토브(טוב)인데, 창조의 6일을 평가하는 "좋았다"에 사용된 단어이다. 다니엘서 저자는 이 사건을 기록하면서 창조의 결과를 연상시키는 어휘를 사용한다. 다니엘이 하나님께 속한 사람으로 정결하지 않음을 극복하려 노력한 결과가 채식이었고, 그 결과 사람들이 보기에 좋았다.

다니엘과 소년들에게 바벨론에서 채식을 한 것은 하나님을 섬기는 경건의 표현이었다. 비록 고향을 떠나 바벨론이라는 이방 제국에 포로로 끌려왔지만 매일 왕의 음식을 먹지 않음으로 자기를 더럽히지 않으며 경건하게 하나님의 백성으로 산다. 이들의 삶은 혼돈과 공허의 상황에서 창조의 하루하루가 하나님이 보시기에 좋다고 평가를 받은 것과 맥을 같이한다. 하나님은 매일의 일상을 더럽히지 않으려는 다니엘과 소년들이 정한 뜻을 인정하셨다. 하나님은 경건한 백성이 가진 힘을 바벨론에 보여주셨다. 하나님을 경외하는 지혜로움이 세상의 지혜, 제국의 지혜를 돌파한다고 선언한다(단 1:4, 20).

아직 질문이 남아 있다. 왜 채식으로 다니엘과 친구들은 하나님과의 관계를 유지했는가? 채식이 바벨론의 상황에서 하나님 백성의 표지로서 역할을 하는가? 답은 느부갓네살 왕이 왕궁에서 쫓겨나서 소처럼 풀을 먹었다는 말씀(단 4:32-33)에 있다. 바벨론 제국의 왕이 교만의 대가로 왕궁에서 쫓겨나서 소처럼 풀을 먹고 지냈다는 것은 무엇을 말하는가? 이 질문에 대한 답을 찾아보자. 샬롬.

느부갓네살과 육식

느부갓네살의 꿈과 그 의미

다니엘 4장에는 바벨론 제국의 왕 느부갓네살이 꾼 꿈과 해석, 그리고 그 성취가 나온다. 왕이 꿈을 꾸었다. 보통 꿈이 아니었기 때문에 두려워하며 번민한다. 바벨론의 모든 지혜자를 불러 꿈을 말하지만, 아무도 해석하지 못한다. 그래서 벨드사살이라고 불리는 다니엘을 호출한다.

땅의 중앙에 한 나무가 있어 견고하게 자라 하늘에 닿았다. 그 나무에 열매가 있는데 만민이 먹을 만한 열매이다. 들짐승과 새들과 모든 육체가 거기에 깃들이며 산다. 그런데 한 거룩한 감시자가 하늘에서 내려와서 뿌리의 그루터기만 남겨 놓고 나무와 가지를 잘라 버린다. 그 나무에 있는 잎과 열매를 헤치고, 짐승과 새들을 쫓아낸다. 남은 그루터기를 쇠와 놋줄로 동이고 들풀 가운데 둔다. 남은 그루터기는 하늘 이슬에 젖고 땅의 풀 가운데서 짐승과 더불어 제 몫을 얻는다. 사람의 마음이 아니라 짐승의 마음을 받아 일곱 때를 지낸다. 모든 것이 거룩한 순찰자의 명령대로 이루어졌다.

다니엘은 이 꿈은 지극히 높으신 이가 사람의 나라를 다스리고 자기의 뜻대로 그 나라를 누구에게든지 주시고, 지극히 천한 자를 그 위에 세우시는 줄을 사람들이 알게 하기 위한 것이라고 설명한다. 왕의 지혜자들은 해석하지 못했던 의미이다.

다니엘의 해석과 처방

다니엘은 먼저 부정적인 내용을 밝힌다. 이 꿈이 왕의 대적에게 성취되기를 바란다는 말로 해석을 시작한다. 나무는 느부갓네살 왕이다. 그 권세가 하늘에 닿고 땅끝까지 이를 만큼 커졌다. 그런데 한 거룩한 감시자가 하늘에서 내려와 나무를 벤다. 그 그루터기는 쇠와 놋줄로 동여져서 들풀과 함께 일곱 때를 지낸다. 이것은 왕이 사람에게서 쫓겨나서 들짐승과 함께 살고, 소처럼 풀을 먹을 것이라는 뜻임을 밝힌다. 지극히 높으신 이가 사람의 나라를 다스린다는 사실을 왕이 깨달은 후에야 왕의 나라가 견고해질 것이라고 해석한다.

이어서 다니엘은 처방을 내린다.

> 왕은 공의를 행함으로 죄를 용서받으소서
> 가난한 자를 불쌍히 여김으로 죄악을 용서받으소서
> 그러면 왕의 번영이 지속될 것입니다(단 4:27, 저자역)

다니엘의 말은 결국 성취되었다. 느부갓네살 왕은 꿈을 꾼 지 약 일 년이 지난 후에 왕궁 지붕을 거닐면서 말한다. "큰 나라 바벨론을 내가 능력과 권세로 건설하여 나의 도성으로 삼고 이것으로 내 위엄의 영광을 나타내었다." 이 말을 할 때 하늘에서 소리가 나서 말한다. "느부갓네살 왕이여! 나라의 왕위가 네게서 떠났다. 네가 사람에게서 쫓겨나 들짐승과 함께 살고, 소처럼 풀을 먹을 것이다. 그리고 일곱 때를 지나면서 지극히 높으신 이가 나라를 그의 뜻대로 원하는 자 누구에게나 주시는 분임을 알 것이다." 그때 느부갓네살이 사람 사는 곳에서 쫓겨나서 소처럼 풀을 먹는다. 일곱 때의 기한이 차서 다시 그의 총명이 돌아오고 지극히 높으신 하나님께 감사하고 찬송한다.

> (하늘의 왕) 그의 일이 다 진실하고 행하심이 의로우시다
> 교만하게 행하는 자를 그가 낮추신다(단 4:37, 저자역)

느부갓네살은 소처럼 풀을 먹고 살면서 지극히 높으신 이가 나라와 권세를 자기가 원하는 자 누구에게나 주신다는 사실을 깨닫는다. 왕이 들

짐승과 함께 일곱 때를 지나면서 자기 자신의 능력과 권세로 제국을 세웠다는 교만이 무너진다. 일곱 때의 일곱은 어떤 의미를 완성하는 상징이라고 적용하면 왕이 교만을 깨닫는 시간 전체를 의미한다.

성경은 고대 근동의 왕, 특히 앗수르와 바벨론의 왕을 사자로 비유한다. 예레미야에 대표적인 구절이 나온다.

> 이스라엘은 흩어진 양이라 사자들이 그를 따르도다 처음에는 앗수르 왕이 먹었고 다음에는 바벨론의 느부갓네살 왕이 그의 뼈를 꺾도다(렘 50:17)

느부갓네살은 사자이다. 앗수르가 북 이스라엘 왕국을 치고, 바벨론의 느부갓네살이 남 유다 왕국을 친 것을 묘사하는 본문이다. 이와 유사하게 왕을 사자로 표현한 구절들이 성경에 등장한다(잠 16:14, 19:12, 20:2, 겔 19:6, 32:2). 다니엘이 페르시아 제국의 왕의 명령을 어기고 기도하자 사자 굴에 던져진 것은 제국의 위엄을 보여주는 형벌의 일종이다. 이때 다니엘은 이미 노구의 몸이었지만, 기도를 쉬지 않음으로 거듭 제국에 저항했다.

사자가 소처럼 풀을 먹는 경험을 하고 난 후에 비로소 느부갓네살 왕은 겸손해진다. 겸손은 겉으로 보이는 태도의 문제가 아니다. 왕에게 권세를 준 지극히 높으신 이의 뜻을 담아 구체적으로 통치할 때 그의 겸손이 요구된다. 그래서 가난한 자에게 은혜를 베풀어 죄를 용서받으라는 다니엘의 처방이 중요하다.

제국의 왕에게 가난한 자들이 누구인가? 사자가 움켜쥐듯이 그가 움켜쥔 근동의 여러 나라들이다. 왕은 사자처럼 들의 짐승을 찢었다. 그런데 일곱 때를 들에 살면서 들짐승이 주는 풀을 먹고 산다. 풀을 먹는 들짐승과 같이 살아야 했다. 이것을 소처럼 풀을 먹는다고 말한다. 느부갓네살이 소처럼 풀을 먹는 것은 사자가 소처럼 풀을 먹는 것이다. 다니엘은 왕에게 사자가 약한 짐승들을 잡아먹는 일을 그치고 약한 짐승들과 함께 사는 세상을 살도록 제시한다.

사자가 소처럼 풀을 먹는 세상

느부갓네살 왕은 소처럼 풀을 먹으면서 자신이 저지른 불의와 죄를 깨닫는다. 제국을 이루기 위해 자신의 능력과 권세로 나라들을 삼켰다고 말하면서 교만했던 죄를 돌이킨다. 다니엘은 연약한 자들과 함께 사는 세상을 이루어야 할 제국과 왕의 모습을 하늘에 닿은 나무로 설명한다. 그 나무에 만국이 먹을 만한 열매들이 있다. 온갖 짐승과 새들과 육체가 거기에 깃들이고 산다. 권세와 힘은 만민을 먹이는 데 사용해야 한다. 그것이 왕의 번영, 곧 샬롬이 지속되는 길이다.

소처럼 풀을 먹는 느부갓네살 왕의 경험은 사자가 소처럼 풀을 먹는 세상을 지향한다. 폭력적 육식이 그친 세상이다. 반면에 힘이 지배하고 찢고 죽이는 약육강식의 현실은 제국이 지배하는 세상이다. 이는 나라 사이에 질서에도 적용된다.

하나님이 세상을 창조하실 때, 왜 육식이 아닌 채식이었는지 질문하고 있다. 창조 기사가 기록된 것은 이미 6일의 창조가 완성된 이후의 시점이다. 창조 기사가 상황 중계가 아니기에 기록자는 자기 시대 속에 있는 문제를 고민하면서 창조의 시대를 이상적인 시대로 기록했다. 힘이 강한 자가 약한 자를 지배하고 잡아먹는 세상 한가운데 살면서 하나님의 백성들은 꿈을 꾼다. 하나님이 원래 창조한 세상은 어떤 세상인가? 이 세상에는 없는 세상, 유토피아가 바로 하나님이 창조한 원래의 세상, 폭력적 육식이 없던 세상이다. 창조된 세상은 앞으로 회복될 세상을 반영한다. 창조가 없으면 회복의 자리가 없기 때문이다. 샬롬.

종말론적 그림: 이상적인 동물원

종말의 유토피아 동물원

탄자니아의 세렝게티 평원의 국립공원에는 사자를 비롯한 많은 짐승이 공존한다. 동물의 왕국에는 약육강식의 질서가 있다. 반면에 동물원은 주로 동물들을 철장 속에 가두어 놓는다. 사자 같은 사나운 짐승은 더욱 잘 가두어야 한다.

이사야 선지자는 이상한 동물원을 소개한다.

이리가 어린 양과 함께하고,

표범이 어린 염소와 함께 눕고,

송아지와 어린 사자와 살진 짐승이 모두 어린아이에게 이끌리고

암소와 곰이 함께 먹고

그들의 새끼들이 함께 엎드리며

사자가 소처럼 풀을 먹을 것이며

젖먹이가 독사의 구멍에서 장난하며

젖 뗀 아이가 독사의 굴에 손을 넣을 것이다.

하나님의 거룩한 산 모든 곳에서 해 됨도 없고 상함도 없을 것인데

이는 여호와를 아는 지식이 세상에 충만하기 때문이며

마치 물이 바다를 덮음과 같다(사 11:6-9, 저자역)

여호와를 아는 지식이 세상에 충만하기 때문에 짐승들 사이에 있는 약육강식의 질서가 무너진다. 이 동물원에는 육식 동물이 채식 동물과 다정하게 생활한다. 독사가 상대방을 해치는 데 독을 쓰지 않는다. 약한 젖먹이들과 아이들이 사나운 짐승들과 함께 사는 세상이다. 무엇보다 사자가 소처럼 풀을 먹는다. 사자는 굶주려도 풀을 먹지 않는다는 말이 있다. 그런데 이사야 선지자는 사자가 소처럼 풀을 먹는 모습을 그린다. 왜 그럴까?

메시아의 공의로운 통치 예언

이사야 11장은 이새의 줄기에서 나온 한 싹이 왕이 되어 공의롭게 다스리는 모습을 소개한다. 다윗 언약의 구현이며 메시아에 대한 예언이

다. 마태는 나사렛 사람이라 불리는 예수님을 나실인 혹은 이새의 뿌리에서 나는 한 가지, 네쩨르(נצר)라고 소개한다. 이사야 11장의 그 메시아이다(마 2:23). 흑암의 갈릴리에 빛으로 오신 예수님이 나사렛 사람으로 불리는 메시아이다.

이새의 줄기와 뿌리에서 나온 메시아는 의로운 통치를 실현한다. 그에게는 여호와의 영이 부어져 모략과 재능과 그 지식으로 여호와의 뜻이 무엇인지 알며 그분의 통치가 어떠한 것인지 안다. 그는 여호와의 뜻을 알고 구현하는 통치를 하며 여호와를 경외하는 즐거움을 가지고 판단한다. 눈에 보이거나 귀에 들리는 대로 판단하는 통치자가 아니다. 통치자가 눈에 보이거나 들리는 대로 판단하면 가난하고 천한 자들은 가볍게여기고 반대로 힘과 권력이 있는 자들은 귀하게 여기는 세상이 된다. 그러나 하나님에 대한 지식을 가진 메시아가 공의와 성실로 허리에 띠를삼아 가난한 자와 겸손한 자를 공의와 정직으로 판단하면, 그들이 받는 재판에 불공평과 불의가 사라진다. 이 메시아는 힘과 권력 그리고 육신의 외모와 사회적 위치가 영향을 미치지 않는 세상을 만들고 다스린다.

메시아의 공의로운 통치는 세상 가운데서 만민의 깃발로 굳게 선다(사 11:10). 그때 그 깃발 아래로 모든 이방에 흩어진 주의 백성들이 돌아온다. 이방 세력이 뿔뿔이 흩어지게 한 연약한 하나님의 백성들이 돌아오고, 남과 북이 서로 질투하고 괴롭히지 않고 사이좋게 지낸다. 이런 시대를 위해 하나님께서 애굽과 앗수르와 같은 세력들을 제어하시고 흩어진 백성들을 돌아오게 하신다. 하나님은 이들이 돌아오는 길을 방해하는 애굽의 바다와 유브라데 강을 말리신다(사 11:15).

앗수르 제국의 침략 시대

메시아가 공의로 통치하는 평화의 약속 이면에는 혹독한 현실이 있다. 앗수르가 제국의 꿈을 경영하면서 유다를 위협한다. 앗수르는 유브라데 강 일대를 장악하고 아래로 이스라엘을 향해 내려온다. 그러자 반 앗수르 전선이 펼쳐진다. 이사야 7장에서 아람과 북 왕국 이스라엘의 연합군이 남 왕국 유다를 침략한다. 반 앗수르 전선에 협력하지 않는 다윗 왕조를 끊어내려 한다. 이때 이사야 선지자는 임마누엘의 약속을 예언한다. 그러나 남 유다의 왕 아하스는 하나님의 약속을 의지하기보다 현실적으로 앗수르에 도움을 구한다(왕하 16:7-9). 이 결정으로 앗수르는 북 이스라엘과 아람을 제압하는 것에 만족하지 않고 유다까지 삼키려고 한다. 흉용하고 창일한 큰 하수, 곧 앗수르 왕과 그의 세력이 유다에도 덮칠 것이다(사 8:7-8).

이사야 11장은 이러한 위기 상황에 주신 언약의 약속이다. 다윗의 자손에서 한 다스리는 자가 나와 공의로 다스리고, 사자와 같은 앗수르(렘 50:17) 제국을 무너뜨리고, 사자가 소처럼 풀을 먹는 세상을 만들 것이다. 유브라데 강을 말리시는 것(사 11:15)은 앗수르의 세력을 무너뜨린다는 말이다.

사자와 같은 앗수르나 바벨론의 포로가 되어 흩어진 이스라엘 백성들이 자기의 땅으로 돌아올 때가 바로 메시아가 통치하는 시대이다. 그때 어떤 세력도 포로에서 돌아오는 일을 방해하지 못한다. 사자가 소처럼 풀을 먹는 시대가 이러한 회복의 때이다.

바벨론 제국과 이상적인 동물원

이사야 65장은 새 하늘과 새 땅의 창조를 말한다(17절). 예루살렘은 회복되어 즐거이 외친다(18-19절). 앗수르나 바벨론의 침략으로 슬퍼하거나 곡하는 소리가 더 이상 없다. 전쟁으로 죽는 자가 없고 노인들이 백세 이상 장수한다. 각자 자기의 집에 포도나무를 심고 열매를 얻는다. 약탈자가 없는 평화의 시대이다(22-23절). 하나님과 소통이 원활한 시대이다(24절). 이리와 어린 양이 함께 먹고, 사자가 소처럼 짚을 먹을 것이고, 뱀이 흙을 먹고 해됨이나 상함이 없는 시온이 될 것이다(26절). 평화로운 동물원 그림이 다시 펼쳐진다. 바벨론의 포로에서 돌아온 때이다. 여호와의 종이 자기 백성의 죄를 짊어짐으로 죄가 용서되고, 백성들이 회개한 후에 누릴 세상이다. 여호와의 은혜의 해가 도래한 세상이다(사 61:1-2). 여기서 사자는 소처럼 풀을 먹는다. 채식은 하나님의 은혜로 회복된 세상을 가리킨다. 회복된 세상은 종말과 연결된다.

이사야 선지자는 유다가 바벨론의 포로가 될 것을 예언하였다(사 39:6). 교만한 히스기야와 유다 왕조는 멸망하고, 히스기야의 자손은 사로잡혀 바벨론 왕궁의 환관이 될 것이다(사 39:7). 그 결과 중의 하나가 다니엘과 친구들이다(단 1:4). 사자의 손에 잡혀 바벨론 사람으로 교육되는 현장에서 바벨론 왕의 진미와 포도주를 거절하고 채식과 물을 먹었다. 다니엘과 친구들은 하나님이 회복하실 세상을 바라보고 바벨론 제국의 질서, 약육강식의 법칙을 따르지 않고 하나님의 율법의 길을 걸었다. 율법이 만드는 세상은 힘으로 지배하는 세상이 아니다. 힘의 지배를 추구하던 느부갓네살 왕이 소처럼 풀을 먹어 꺾이고 겸비해서 만민을 먹이는 나무, 가난한 자를 긍휼히 여기는 자가 된다. 육식이 아닌 채식은 종말의 회복을 바라는 남은 자들이 힘과 권력에 휘둘리지 않고 하나님의 공의로운 통치로 인해 평화를 누리는 삶을 소망하고 바라는 구체적인 표시이다.

위에서 살펴본 하나님이 창조하신 세상은 평화로운 좋은 곳이다. 힘과 권력과 부와 지위로 연약한 자를 제어하거나 억압이 없고, 서로가 돕는 이로 살고, 서로 먹을 양만큼 먹고, 서로의 필요를 채우는 삶의 자리이다. 이런 선한 세상에 대한 소망이 채식에 투영되었다. 샬롬.

채식과 창조의 선한 질서

채식은 창조의 질서

먹거리의 공급에서 한 걸음 더 나아가서, 풀과 채소와 과일만 먹거리로 주어지는 것에 주목해 보자. 창조 질서가 올바르게 실현될 때, 세상은 하나님 보시기에 좋고 선하다. 그대로 되지 않을 때는 선한 세상이 아니다. 우리는 앞에서 다니엘과 이사야를 통해 육식이 가진 폭력성과 탐욕을 살펴보았다. 사자와 같은 앗수르와 바벨론을 대조하면서 사자가 소처럼 풀을 먹는 세상이 평화롭고 그 평화로운 세상은 약한 자가 살 수 있는 세상으로 정의할 수 있다. 이런 이유와 필요 때문에 창조와 종말 모두에서 채식이 하나님이 보시기에 선한 세상의 질서로 자리 잡는다. 창조 내러티브를 쓰고 그 이야기를 처음 읽는 사람들은 약육강식의 질서, 제국의 질서에 대한 비판과 반성을 담아냈다. 성경 저자는 하나님이 만드신 세상의 질서는 세상의 강대국들이 만드는 질서와 다르다는 주장을 펼친다.

질서는 마치 법적인 효력이 미치는 것과 같다. 질서는 그대로 되어야 하며 그 질서에 어긋났을 때 큰 재앙과 벌을 가져올 수 있다. 자연 질서도 마찬가지이고 사회 질서도 마찬가지이다. 오늘날 자연 질서가 어그러지면서 생기는 큰 재앙과 벌을 생각해 보라. 사회 질서도 법이 정상적으로 시행되면 새로운 질서를 만든다. 강제성이 있기 때문이다. 그러므로 창조에는 채식이란 질서를 확립해서 세상 나라와 다른 질서를 가진 세상을 만들려고 했다.

식물과 율법과의 관계

채식에 담긴 창조 질서와 율법의 규정을 더 살펴보자. 먼저 출애굽 이후 이스라엘 백성이 광야에 이르렀을 때, 마라에서 쓴물을 달게 만드는 사건이 일어난다. 애굽에서 나온 백성들은 수르 광야로 들어가서 사흘 길을 걸었지만 물을 찾지 못하다가 마침내 마라에서 물을 발견했다. 하지만 그 물은 써서 마실 수 없었다. 이 물에 모세가 한 나무를 던졌다. 쓴 물은 단물로 바뀌었고 백성들이 마실 수 있었다. 마실 수 있는 물이 주어지는 그때 여호와께서 그들을 위하여 법도와 율례를 정하시고 그들을 시험하셨다(출 15:25). 법도와 율례가 물과 함께 주어졌다. 마실 수 없는 물에는 법도와 율례가 없다. 그러나 마실 수 있는 것에는 하나님의 입에서 나오는 것, 율법이 들어 있다. 마실 수 없는 물에는 그 질서를 규정하는 율법이 필요 없지만, 마실 수 있는 물에는 그 질서를 규정하는 율법이 필요하다.

두 번째는 만나 사건이다. 신 광야에서 백성들이 굶주릴 때 하나님은 만나를 주셨다. 날마다 백성들이 일용할 양식을 거두도록 했다(출 16:4a). 동시에 "이같이 하여 그들이 내 율법을 준행하나 아니하나 내가 시험하리라"라고 말씀하신다(출 16:4b). 만나는 일용할 양식이다. 이 양식과 함께 율법이 주어진다. 하나님의 입에서 나오는 것(신 8:3)이 먹거리와 동시에 주어진다. 사람이 살 수 없는 광야, 먹거리가 없는 광야에는 율법이 주어지지 않는다. 그러나 만나가 하늘에서 비같이 내림으로 먹거리가 주어질 때 율법도 함께 주어졌다. 또한 신명기 8장에서 모세는 사람이 먹을 것으로만 살지 않는다고 주장한다(3절). 사람은 떡으로만 사는 것이 아니고 하나님의 입에서 나오는 것으로 산다(3b절). "입에서 나오는 것"과 말씀은 같은 히브리어 단어이다. 사십 년 동안 광야를 걷게 하신 것은 시험이고(2절), 시험은 떡만이 아니라 말씀으로 살 수 있는지 보는 것이다. 이 말씀이 법도와 율례이고 율법이다. 먹거리는 단지 먹는 것만이 아니다. 하나님께서 주시는 먹거리에는 하나님의 의지가 담기고 사람들의 삶을 규정하는 율법으로 드러난다.

창조 때 주신 먹거리가 왜 채소인지에 대한 관심으로 돌아가 보자. 하나님은 먹거리를 주신 것으로 만족하지 않으신다. 먹거리에 하나님이 보시기에 좋은 세상에 대한 의지를 담기 원하셨다. 그것이 바로 채소를 먹는 세상이다. 힘이 강한 자가 약한 자를 억압하지 않는 세상, 즉 사자가 소처럼 풀을 먹는 평화로운 세상이 의롭고 선한 세상이다. 그러므로 채식이야말로 먹거리에 담긴 하나님의 율법이며 법도와 규정이고 질서이다.

주기도문에 보면 하나님의 이름과 나라와 뜻을 구하는데, 그것을 일용할 양식과 함께 구한다. 이는 일용할 양식이 하나님의 뜻을 담고 있음을 말한다. 하나님은 먹거리에 자신의 의지인 율법을 담아 두어 그 뜻이 실현되는 선한 세상을 보기 원하신다. 창조부터 채식에 선한 세상에 대한 기대를 담은 것이다. 그래서 종말을 기다리는 이사야와 같은 선지자들을 통해, 다니엘과 같은 믿음의 사람들을 통해 먹거리를 통해서 드러나는 하나님의 선한 세상이 오는 종말이 예언되었고 그들은 그 선한 세상의 실현을 소망하면서 실천하였다.

채식과 잠언

잠언은 삶의 지혜를 담은 성경이다. 잠언에서 먹을 것, 특히 채식과 관련된 구절들이 눈에 들어온다.

채소를 먹으며 서로 사랑하는 것이
살진 소를 먹으며 서로 미워하는 것보다 나으니라(잠 15:17)

이 문장은 적게 먹고 사랑하는 것이 많이 먹고 미워하는 것보다 좋다고 들릴 수 있다. 그러나 채식과 육식이 대조되고 있다. 창조와 종말을 살피는 가운데 잠언의 먹거리 말씀은 어떤 의미인가? 잠언은 하나님의 말씀이기 전에 격언이다. 지속적인 일상의 삶에 대한 지혜의 말씀이다. 시기와 미움은 적대감을 표현하며 이는 경쟁을 전제하기도 한다. 채소를 먹으면서 서로 사랑하는 모습은 이사야 11장의 평화로운 동물원을 연상하게 하므로 이 대조는 단순한 대조가 아님을 알 수 있다. 여기에서 낫다는 말은 좋다는 뜻의 히브리어 단어 토브(טוב)이다. 창조 때 보시기에 좋은 것과 같다.

> 마른 떡 한 조각만 있고도 화목하는 것이
>
> 제육이 집에 가득하고도 다투는 것보다 나으니라(잠 17:1)

우리말 번역은 떡과 제육으로 분명하게 대조한다. 마른 떡 한 조각은 제사나 잔치에서 나오는 음식과 대조된다. 그것은 채식과 육식의 대조이다. 또한 화목과 다툼의 대비이기도 하다. 이 구절의 낫다는 말은 잠언 15장 17절과 같은 단어로 같은 의미를 전달한다. 채식이 서로 사랑과 평화를 지향하는 비유로, 육식이 미움과 다툼을 비유로 사용되었다는 사실만 보아도 채식의 상징성을 읽을 수 있다. 하나님은 사람을 만드시고 다스리게 하시면서 좋은 세상을 만들기 위해 먹거리를 주시는 것에 그치지 않고 채식을 주셨다. 이는 율법적 규정이며 질서이다.

채식에 대한 강조는 여러 가지 질문거리를 만든다. 고기를 먹지 말라는 뜻인지 질문할 수 있고, 구약에 나타나는 제사 과정에서 등장하는 고기를 먹는 일에 대한 의문이 생길 수도 있다. 우선 답할 수 있는 내용은 먹거리에 제한이 있다는 것이다. 다니엘의 경우와 같이 정결과 부정결의 원리에서 먹거리의 제한을 말한다. 율법은 이러한 제한을 말하기 때문에 제한에 담긴 율법의 의미를 알아야 한다. 샬롬.

10
장

채식과 하나님의 의

시편 111편과 112편

앞에서 살핀 것처럼 먹거리에는 선악과 율법, 율례와 법도, 그리고 하나님의 말씀이 담겨 있다. 율법은 의를 성취하는 기준이며 도구이다. 언약의 율법과 규례대로 사는 것이 의이고 그렇게 살지 못하는 것이 불의이다. 나아가 먹거리로 상징되는, 타인의 필요를 채우는 삶이 의롭다는 성경 말씀은 성경에 많이 등장하는 주제이다. 그 말씀 중에 시편 111편과 112편을 살펴보자.

시편 111편은 하나님의 의를 찬송하고, 112편은 하나님을 두려워하는 경건한 사람의 의를 노래한다. 두 시편은 서로 짝을 이룬다. 두 시편 모두 의를 말하고, 비슷한 후렴구가 있다.

여호와는 은혜로우시고 자비로우시도다(시 111:4b)

그는 자비롭고 긍휼이 많으며 의로운 이로다(시 112:4b)

112편의 자비와 긍휼은 111편의 '은혜롭고 자비롭다'와 같은 의미의 히브리어 단어 하눈과 라훔(חנון ורחום)을 사용한다. 112편의 경우에는 '의롭다'라는 말을 덧붙였다. 두 시편 모두 하나님과 사람의 의가 영원히 서 있다고 노래한다(시 111:3, 112:3).

111편은 여호와께서 "행하시는 일"이라는 표현을 자주 사용한다(2, 3, 6, 7절). 여호와께서 행하시는 일은 하나님의 의가 영원히 서 있는 근거이다(3절). 하나님이 행하시는 일은 하나님의 의를 입증하기 때문이다. 하나님이 행하시는 일은 구체적으로 두 가지로 설명된다. 첫째로 여호와께서는 자기를 경외하는 자들에게 양식을 주시고(5절), 둘째로 뭇나라의 기업을 주신다(6절). 따라서 하나님을 경외하는 자에게 양식과 땅을 주시는 행위는 하나님의 선과 언약적 신실함을 드러내는 측면에서 의를 입증한다. 시편 기자는 양식과 땅을 주시면서 자신의 의를 세우시는 하나님을 찬송한다.

112편은 하나님을 경외하는 정직한 자들의 의를 노래한다. 하나님의 의와 마찬가지로 그들의 의는 영원히 있다. "의"의 근거는 역시 두 가지이다. 첫째로 은혜를 베풀며 꾸어 주는 정의를 행한다(5절). 둘째로 재물을 흩어 빈궁한 자들에게 주었으니 그의 의가 영구히 있다(9절). 정직한 자는 하나님의 계명을 크게 즐거워하기에(1절) 자기의 부와 재물로 꾸어 주고, 흩어 빈궁한 자에게 줌으로 의를 확보한다.

두 시편은 하나님의 의와 사람의 의를 각각 노래하면서 두 의가 가진 공통적인 성격을 드러낸다. 의는 하나님의 율법을 실천한 결과이다. 그 실천 내용은 하나님의 경우에는 양식과 땅을 주는 것이고, 사람의 경우에는 가난한 자에게 꾸어 주고 흩어 주는 것이다. 하나님이 사람에게 주신 땅은 양식을 생산한다. 하나님은 꾸어 준 사람에게 이자를 받을 수 없다는 규정을 주셨다. 여기에서 꾸어 준 돈은 사업 자금이 아니라 생존에 필요한 최저생계비이다. 하나님은 사람이 생존할 수 있는 길을 확보해 주셨다. 이것이 구제이다.

흩어 빈궁한 자들에게 줌으로 그의 의가 영구히 있다는 시편 112편 9절은 고린도후서에 인용된다.

기록된 바 그가 흩어 가난한 자들에게 주었으니
그의 의가 영원토록 있느니라 함과 같으니라(고후 9:9)

성경 저자는 구약을 인용해 고린도 교회가 가난한 예루살렘 교회의 성도들을 구제하는 연보를 잘 준비하여 모으는 것이 탐욕이 아니고 의라는 사실을 확인한다. 먹거리에는 율법이 담겨 있고 그 율법을 바르게 실행하는 것이 "의"이다. 율법을 실행하는 의는 하나님께서 먹거리와 양식을 생산하는 땅을 주는 것으로 드러나며, 하나님의 백성이 가난한 자들에게 생존할 수 있는 나눔을 베푸는 것에서 드러난다.

여섯째 날의 두 번째 "그대로 되니라"의 의미

하나님이 먹거리를 주시니 그대로 되었다(창 1:30). 채식 또는 육식을 먹거리로 주시는 일이 하나님의 사역이고, "그대로 되었다"는 것은 '하나님께서 먹거리를 주시는 일이 질서로 자리 잡았다'는 것을 보여 준다. 그런데 왜 다른 날과 달리 여섯째 날에만 하나님의 형상인 사람이 다른 사람들에게 먹거리를 주어야 한다고 말하는가? 창조는 하나님의 일인데, 갑자기 사람이 주체가 되는 이유는 무엇일까?

여섯째 날을 다른 창조의 날들과 비교해 보자. 하늘의 해와 달이 빛을 내라는 하나님의 명령에 해와 달이 스스로 어떤 일을 할 수 있는가? 하나님이 빛을 내라고 명령하면 피조물은 그 말씀을 따라 수동적으로 순종할 뿐이다. "그대로 되니라"라는 말 그대로이다. 하나님이 땅과 물의 경계를 정하면 그대로 된다. 땅이 스스로 경계를 바꿀 수 없다. 식물을 먹거리로 주신다는 말씀이 그대로 되었다는 선언도 마찬가지이다. 식물을 먹을 것으로 받은 짐승은 어떻게 할 수 없이 이 말씀을 그대로 순종해야 한다. 사람에게도 식물을 먹거리로 주었으니 수동적으로 받으면 된다고 주장할 수 있다.

본문을 더 살펴보자. 사람이 창조된 과정은 다른 창조의 5일과 다르다. 심지어 여섯째 날의 첫 번째 창조인 짐승의 창조와도 다르다. 여섯째 날의 두 번째 창조에는 두 번의 동등한 말씀이 있다. 첫 번째 말씀으로 사람을 하나님의 형상으로 만들어서 다스리는 일을 하게 했다(창 1:26-28). 두 번째는 사람과 짐승에게 식물을 먹거리로 주신다(창 1:29-30). 두 말씀은 30절 끝에 "그대로 되니라"를 함께 결론으로 가진다. 사람은 하나님의 형상을 지닌 통치자가 되었다. 하나님이 주신 먹거리에 담긴 하나님의 뜻을 담아 세상을 다스림으로 하나님 보시기에 좋은 세상을 이루어야 한다.

하나님이 주신다는 말씀은 약속이다. 말씀이 약속인 측면은 아브라함의 약속에서 잘 드러난다. 하나님은 아브라함에게 약속하셨다. 그 약속은 번성하고 가나안 땅을 받고 이름이 커진다는 약속이다. 아브라함은 가만히 있어도 약속이 이루어질 것으로 생각한다면 잘못된 생각이다. 약속을 따라 순종하는 믿음이 필요하고, 하나님이 주신 약속을 자신의 것, 즉 현실로 만들어야 한다. 물론 시간과 순서가 있다. 약속은 결코 저절로 이루어지지 않는다. 약속은 위기의 순간에 믿음으로 돌파할 때 현실에서 성취된다. 약속을 받은 사람의 믿음의 기도와 순종이 필요하다. 하나님이 주시는 약속이 현실이 되도록 할 책임은 사람에게 있다. 창조에서 다스림의 약속도 마찬가지이다. 사람의 다스림을 통해서 하나님의 약속이 실현되어야 한다. 이것이 하나님의 형상인 사람이 다스리는 내용의 실체이다.

"그대로 되었다"라는 선언은 사람이 하나님의 형상답게 다스림을 실천할 때 의미가 있다. 선한 세상은 온전한 다스림으로 도래한다. 그러므로 먹거리가 제대로 사람들에게 전달되기 위해서는 세상이 힘의 원리로 지배되지 않아야 한다. 사자가 소처럼 풀을 먹는 세상이어야 가능하다. 승자 독식의 세상은 제국의 불의를 만들어 낸다. 반면에 의는 함께 먹는 세상을 만들어 내는 섬김이다. 채식에 담긴 하나님의 율법은 바로 이런 의를 실천한다는 뜻이다. 채식은 하나님 백성의 의로움이다. 샬롬.

선한 세상과 의로움

선악과 규정(창 2:16-17)

러시아가 우크라이나를 침략했다. 온 세상이 러시아의 침략 행위를 규탄하지만, 계속 전쟁은 진행 중이다. 우리가 사는 세상은 평화가 아니라 힘의 원리가 작용하고, 힘으로 지배하는 세상임을 실감한다. 사자가 소처럼 풀을 먹는 평화는 현실이 아니고 아직은 꿈인가 보다. 평화를 누리지 못하고 힘의 지배에 짓밟힌 약한 자들의 부르짖음이 하늘에 닿기를 소망한다. 이런 세상에 창조의 복음이 얼마나 절실한가? 창조의 복음이 이루어내는 선한 세상의 꿈은 의로움과 관련이 있다. 의로움은 선한 세상을 만들어내며 그것은 하나님이 원하시는 창조의 질서이다. 의로움이 담보될 때, 선한 세상의 꿈이 이루어진다.

채식이 먹거리에 담긴 의로운 율법적 규정이라면, 이 규정이 선을 만들어 낼 수 있을까? 율법의 목표는 의로움이다. 그러나 율법적 규정이 선함을 만들 수 있을까? 율법이 선(함)을 만들어내는 성경 본문, 선악과 규정(창 2:16-17)과 신명기 6장 24-25절을 살펴보고, 이어서 구약의 교리라고 이해할 수 있는 잠언을 통해서 선과 의가 어떻게 규정되는지 살펴보려고 한다.

사람은 에덴 동산 모든 나무의 열매를 실컷 먹을 수 있었다. 그런데 선악과 나무에서 나는 열매는 먹으면 안 된다. 먹으면 반드시 죽는다. 히브리어는 단어를 반복해서 사용하면서 강조를 표현한다. 실컷 먹는다는 뜻의 아콜 토켈(אכל תאכל)과 반드시 죽는다는 뜻의 무트 타무트(מות תמות)는 같은 형태의 강조형 구문이다. 먹거리와 죽음이 같이 강조되고 있는 구문이다. 즉, 먹거리에는 다 같이 먹지만 먹을 것과 먹지 않아야 할 것이 있다. 이 표현이 죽음의 규정이라는 것을 어떻게 알 수 있을까? 여호와께서 명령하셨기 때문이다. "여호와 하나님이 그 사람에게 명하여 이르시되(창 2:16)"라고 창세기는 표현한다. 모든 나무의 실과를 실컷 먹는 것과 선악과 나무의 실과를 먹지 않아야 하는 것, 두 가지 모두 하나님의 명령이다. 명령은 법이다. 에덴 동산의 법이 선포되는 순간이다. 이 법을 선악과 법이라고 불러도 좋다. 법은 단순히 그 명령을 지키는 문제가 아니다. 명령을 지킴으로써 그곳에 사는 사람들의 복리가 이루어진다. 명령의 결과 이루어지는 복리, 곧 선이다.

왜 선악과는 먹지 말아야 하는가? 선악과는 과연 무엇일까? 선악과는 모든 동산의 나무와 다르지 않다. 보기에 탐스럽고 먹기에 좋은 나무 중 하나이다. 특별한 나무가 된 것은 금지하는 명령 때문이다. 먹거리에 담긴 하나님의 명령을 간직한 것이 바로 선악과이다. 선악과 나무를 먹으면 악이고 먹지 않으면 선이다. 많은 먹거리 중에서 먹지 말아야 하는 하나님의 명령이 있다. "먹지 말라"라는 하나님의 명령을 지킴으로 선한 세상을 유지할 수 있다. 선악과 나무는 먹지 않음으로 선한 세상을 유지할 수 있다는 것을 가리키는 깃발의 역할을 한다. 선악과를 먹는 순간 그 세상은 더 이상 선한 세상이 아닌, 악이 지배하는 세상이 된다.

선악과를 통해 알 수 있는 선과 악의 실체는 창세기 1장을 통해서 이해할 수 있다. 창세기 1장은 어떤 세상이 선한 세상인지를 이미 말했다. 선한 세상은 다른 사람들에게 먹거리가 주어지는 세상이다. 선악과를 먹지 않음으로 선을 이룬다면, 창세기 1장의 먹거리가 주어지는 선한 세상과 만나는 지점이 있다. 곧 선악과는 다른 사람의 먹거리가 된다.

선악과는 타락과 깊이 연결되어 교회사에서 수천 년 동안 중심 교리로 자리매김했다. 선악과에 대해 색다른 의견을 제시하면 당연히 의심의 눈초리가 쏠린다. 선악과가 다른 사람의 먹거리라는 주장도 역시 같은 의심을 할 수 있다. 충분히 이해할 수 있는 의심이다. 논리적으로 이해가 된다고 하더라도, 교리적으로 또는 정서적으로 반감이 생길 수 있다. 그러나 거부할 수 없는 분명한 사실은 선악과가 먹거리의 한 종류라는 것이다. 선악과는 다른 사람의 먹거리라고 주장하면 에덴의 역사성이 부정되는 것은 아닌지 염려하는 마음도 이해한다. 수없이 들은 질문이다.

역사적 실체로서 선악과를 부정할 필요는 없다. 표적은 단순히 상징일 뿐만 아니라 그 자체로 역사적인 실체가 된다. 예수님이 안식일에 손 마른 사람을 고치신 것은 표적이다. 표적은 예수님이 안식일의 주인이라는 메시지를 남긴다. 표적이 역사이듯이 선악과도 마찬가지이다.

선악과는 하나님이 창조한 세상에 대한 바람을 나타내는 그분의 의지이자 율법이다. 남의 먹거리를 탐내지 말고 빼앗지 말라는 것이다. 나는 선악과가 먹을 것이라는 점에 관심을 집중했다. 성경의 풍요로움으로 다른 해석을 배제할 필요는 없지만, 나는 다음과 같은 선악과의 메시지를 읽어낸다. "남의 먹거리, 남의 음식, 남의 삶을 탐내지 말고 파괴하지 말아라. 너에게 주어진 것만으로도 충분하다. 그리고 함께 살아라." 이것이 창조에 담긴 선한 세상이다. 선악과를 먹지 말라는 명령은 에덴에 주어진 율법이다. 에덴은 율법이 필요 없는 세상이라고 여기기 쉽다. 그러나 분명히 먹지 말라는 명령이 있었다. 에덴은 폭력과 탐욕, 그리고 그 결과로 남의 것을 취하는 세상이 아니라 사자가 소처럼 풀을 먹는 세상을 그린다. 의로운 세상이고 선한 세상이다.

쉐마와 선과 의로움(신 6:24-25)

신명기 6장은 쉐마로 잘 알려졌다. 네 몸과 마음과 모든 것을 다해서 한 분이신 하나님만을 사랑하고 더 나아가 하나님이 명령한 규례와 명령을 너와 네 자손이 지키라(2절)는 말씀이다. 지키는 행위를 세분화해서 마음에 새기고, 가르치고, 강론하고, 기호와 표로 삼고 기록하라고 명령한다(6-9절). 쉐마를 정리하면 하나님을 사랑하고 그의 율법을 지키라는 것이다. 결국 하나님을 사랑하는 것은 하나님의 계명을 지키는 것이다. 요한은 바로 이 쉐마에 근거해서 복음을 설명했다.

> "내가 아버지의 계명을 지켜 그의 사랑 안에 거하는 것 같이
> 너희도 내 계명을 지키면 내 사랑 안에 거하리라" (요 15:10).

쉐마는 출애굽 당시뿐 아니라 가나안 땅에 들어가서도 유효하다. 다음이 쉐마의 결론이다.

> 여호와께서 우리에게 이 모든 규례를 지키라 명령하셨으니
> 이는 우리가 우리 하나님 여호와를 경외하여 항상 복을 누리게 하기 위하심이며
> 또 여호와께서 우리를 오늘과 같이 살게 하려 하심이라(신 6:24)

> 우리가 그 명령하신 대로 이 모든 명령을 우리 하나님 여호와 앞에서 삼가 지키면
> 그것이 곧 우리의 의로움이니라 할지니라(신 6:25)

24절은 여호와가 문장의 주어이다. 여호와께서 명령하신 것을 지키면 복이 된다. 25절은 우리가 주어이다. 우리가 명령을 지키면 그것은 우리의 의로움이다. 24절은 여호와 편에서 25절은 사람 편에서 서술된 일종의 병행 구절이다. 여호와의 명령을 지키는 것이 공통점이다. 명령을 지키는 것이 복이 된다. 그 복은 또한 바로 우리의 의로움이다. 복을 표현하는 히브리어 레토브(לטוב)은 "좋은" 또는 "선한"을 표현하는 형용사의 명사형, "좋음" 또는 "선함"이다(24절). 하나님이 6일 동안 반복하셨던, "(보시기에) 좋았다"에 사용한 단어 키토브(כי־טוב)과 같은 의미이다. 개역개정 성경은 "좋았다"를 복이라고 자주 번역한다. 쉐마는 율법의 총체와 같고 구약의 고백이다. 쉐마에 따르면 하나님을 사랑하는 것은 율법을 지키는 것이고, 그 결과가 선함이고 의로움이다. 그것은 율법이 약속하는 것이고 복음이 약속하는 것이다. 곧 쉐마는 복음이다.

선한 세상은 의로운 세상이어야 한다. 의로움은 하나님의 율법에 근거해서 형성된다. 에덴 동산은 먹거리 중에서도 특히 선악과를 도구로 하나님의 명령이 시행되는 선하고 의로운 세상이었다. 창조의 6일도 마찬가지이다. 채식이 율법의 전달하는 수단이 되어서 하나님이 보시기에 선하고 의로운 세상이 바로 사자가 소처럼 풀을 먹는 의로운 세상임을 보여 준다.

잠언에서 말하는 선한 길

잠언은 설명하는 교훈 형식의 긴 교훈과 간결하게 교훈하는 형식의 짧은 교훈 모음집이다. 그래서 짧지만 역사와 삶, 지혜가 묻어 있다. 하나님의 구원 역사에 근거하여 형성된 지혜의 결실을 가르친다. 교리와 비슷한 성격으로 가장 신학적이기도 하다. 특별히 우리가 관심을 가지는 선함과 의로움이 그 구원 역사 가운데 드러난 지혜로서 신학적인 가르침으로 잠언에 설명되고 있다. 잠언 2장은 선함과 의로움을 직접적으로 연결한다.

그런즉 네가 공의와 정의와 정직 곧 모든 선한 길을 깨달을 것이라(잠 2:9)

이 구절의 문맥은 "여호와를 경외하는 것이 지혜가 되고(5-6절) 정의의 길이 된다(8절)"라고 말한다. 이 구절을 포함한 단락에서 "길"이 자주 사용된다. 정의의 길, 성도들의 길(8절), 선한 길이다(9절). 여호와를 경외하는 자가 지혜를 얻어 정의의 길과 선한 길을 걷는 성도가 된다. 정의의 길과 선한 길이 같은 것으로 표현된다. 선한 세상은 의로운 세상이라는 명제가 분명히 성립된다.

잠언은 여호와를 경외하는 것이 지혜이고 이런 지혜가 바로 선한 길이라고 주장한다.

지혜가 너를 선한 자의 길로 행하게 하며 또 의인의 길을 지키게 하리니(잠 2:20)

이 구절에서 의인의 길을 지킨다는 표현은 의인의 길과 율법을 지키는 일의 연결성을 말한다. '지킨다'는 여호와의 언약의 규정을 지키는 것을 의미한다. 즉, 여호와의 언약의 규정인 율법을 지키는 것을 의미하며, 그 길이 곧 의인의 길이다. 앞에서 언급한 것처럼 선한 길과 의인의 길은 같다.

잠언의 서론적인 선언은 다음과 같이 말한다.

> 지혜롭게, 공의롭게, 정의롭게, 정직하게 행할 일에 대하여
> 훈계를 받게 하며(잠 1:3)

개역개정 성경은 "지혜롭게"와 "공의", "정의", "정직"을 병렬로 연결했지만, 다른 번역들은 지혜롭게 행할 내용으로 공의와 정의 정직을 제시한다.

> 정의와 공평과 정직을 지혜롭게 실행하도록
> 훈계를 받게 하며(잠 1:3, 표준새번역)

히브리어를 직역하면 "의와 공평과 정직을 지혜롭게 행하기 위한 훈계를 취하도록…" 이다. 지혜는 의와 공평과 정직이 잘 움직이게 하는 방식이다. 의와 공평과 정직이 잘 움직이도록 지혜롭게 행하면, 바로 잠언 2장 9절에서 언급하는 선한 길로 가는 것이다.

잠언은 채식을 선한 길로 비유한다(잠 15:17, 17:1). 고기가 가득한 것보다 마른 떡 한 조각으로 화목한 것이 낫고, 채소를 먹지만 사랑하는 것이 고기를 먹으면서 미워하는 것보다 선하다. 잠언이 말하는 선한 길은 의로운 길이고, 이것은 채식으로 성취된다. 여기서 채식은 문자적 의미라기보다는 상징적 의미를 가진다. 제한된 음식, 다른 사람의 몫을 소중히 여기는 탐욕이 없는 음식과 삶의 태도를 말한다.

하나님이 창조한 세상이 선하다는 사실을 누구나 알고 있다. 그 선함이 어떻게 현실로 구현되는가? 채식으로 구현된다. 채식이 가진 율법적 규정, 질서의 성격이 있다. 그 성격은 의로움을 보장한다. 채식이 보여 주는 의로움은 제한된 음식을 먹음으로 다른 사람의 몫에 탐욕을 부리지 않는 것이다. 다른 이들이 먹어야 할 것을 보장함으로 굶주림이 없는 정의와 공평을 실현하며 그들의 삶을 소중히 여기는 삶의 자세이며 태도이다. 그래서 채식을 하는 창조의 선한 세상은 의로운 세상이라는 결론에 이른다. 샬롬.

채식을 해야 하는가

왜 육식이 아닌가?

여섯째 날의 첫 창조는 짐승이다. 짐승은 가축과 기는 것과 땅의 짐승 (창 1:24-25)으로 나뉜다. 흥미로운 사실은 가축을 한 분류에 넣었다는 점이다. 여섯째 날의 네페쉬 야하(개역개정. "생물", חיה נפש)는 가축과 기는 것과 모든 짐승을 포괄한다. 가축을 나타내는 베헤마(בהמה)는 일 반적인 동물을 말하기도 하고, 사나운 맹수이기도 하고, 또는 가축이기도 하다. 그러나 창세기 1장에서 가축은 분명히 일반적인 동물이 아니다. 가 축은 집에서 길들이는 동물이다. 기는 것은 구별되고, 땅의 짐승은 가축 을 제외한 나머지이다. 70인역은 더 분명하다. 생물은 네 발 가진 것, 기 는 것, 땅의 맹수이다. 맹수와 네 발 가진 짐승은 다른 종류이기 때문에,

맹수가 아닌 포유류는 가축으로 볼 수 있다.

이렇게 분류하는 것은 창세기를 기록하는 시기에 가축이 있었기 때문이다. 성경은 길들일 수 있는 소나 양이나 염소와 같은 동물과 길들이기 어려운 맹수가 존재하는 현실을 반영한다. 가축은 일반적으로 제사 용도로 사용되었고 제사와 관련해 그 고기를 먹는 일이 있었기 때문에 이미 육식이 있었음을 알 수 있다. 원래 창조된 세상은 가축이 먹거리로 허락되지 않았다. 오직 식물만 먹거리로 주어졌다(창 1:29).

사자가 소처럼 풀을 먹는 세상은 맹수와 가축의 구별이 없는 세상이다. 이사야 선지자가 말하는 샬롬이 성취된 동물원은 맹수와 가축의 구별, 나아가 해를 끼치는 파충류와 구별도 없는 세상이다(사 11:6-9). 맹수가 가축을 잡아먹는 것이 허용되지 않는 세상은 힘과 폭력과 군사력이 지배하지 않는 세상이다. 동물들도 서로 잡아먹지 않는 세상이다. 그러한 세상을 다스리는 인간이 어떻게 가축을 먹거리로 삼을 수 있겠는가?

새 하늘과 새 땅의 먹거리

요한계시록 21장에 새 하늘과 새 땅이 등장한다. 이 내용은 이사야 본문에서 왔다(사 65:17, 66:22). 하나님이 지으시는 새 하늘과 새 땅에 샬롬이 성취된 동물원이 다시 등장한다. "이리와 어린 양이 함께 먹을 것이며 사자가 소처럼 짚을 먹을 것이며 뱀은 흙을 양식으로 삼을 것이니 나

의 성산에서는 해함도 없겠고 상함도 없으리라(사 65:25)" 더 나아가 제
사를 지내기 위해 동물의 희생도 없을 것이다(사 66:3). 상함과 해함이
없어야 하기 때문이다.

  요한계시록에는 새 하늘과 새 땅에는 눈물, 사망, 애통, 곡함, 아픈 것이
없다(계 21:4). 이런 일을 만들어낸 자들은 불과 유황으로 타는 못에 던
져진다. 이들은 두려워하는 자, 믿지 아니하는 자, 흉악한 자, 살인자, 음
행하는 자, 점술가, 우상 숭배자, 거짓말하는 자 모두이다(계 21:8). 새 하
늘과 새 땅에는 생명수 강이 흐르고 강의 좌우에 생명나무가 있어 열두
가지 열매를 맺고 나무 잎사귀들이 만국을 치료한다(계 22:2). 잎사귀는
치료하는 데 사용하면, 생명나무의 열두 가지 열매의 용도는 무엇일까?
새 하늘과 새 땅을 차지하는 자들은 일곱 교회이다. 에베소 교회에는 하
나님의 낙원에 있는 생명나무의 열매(계 2:7)가, 버가모 교회에는 감추었
던 만나(계 2:17)가 주어진다. 이기는 자들은 열매, 곧 먹거리를 받는다.

  만나는 출애굽 한 이스라엘 백성들이 광야에서 40년 동안 먹었던 음
식이다. 만나는 광야의 음식이지만 고기와 다른 먹거리이다. 민수기 11
장에서 고기를 먹고 싶어 하는 자들이 나온다. 고기를 먹는 것을 애굽과
연결하고(출 16:3), 애굽에서 벗어난 삶을 위해 만나를 주었다(출 16:4).
성경은 고기를 먹고 싶어 하는 것을 탐욕으로 보았다. 고기 먹는 것과 애
굽의 삶을 그리워하는 것이 연결되기 때문이다(민 11:4-5). 나아가 그것
이 탐욕과 연결된다(시 78:30). 애굽에서 고기를 먹었던 삶을 좋다고 여

긴 것이다(민 11:18).

시편 저자는 만나를 먹은 사건을 다음과 같이 회상한다.

그들에게 만나를 비 같이 내려 먹이시며 하늘 양식을 그들에게 주셨나니
사람이 힘센 자의 떡을 먹었으며(시 78:24-25)

70인역은 힘센 자를 천사들로 번역하고, 천사들의 먹거리를 사람이 먹었다고 번역한다. 70인역은 하늘 양식을 천사들의 음식이라고 보는 전통을 반영한다. 그래서 요한계시록에서 버가모 교회에게 이기는 자, 곧 힘센 자에게 감춘 만나를 준다고 한 것이다. 감춘 만나와 생명나무가 다른 것인지는 분명하지 않다. 요한계시록 21, 22장은 생명나무 실과를 묘사한다. 그 잎은 만국을 치료한다(계 22:2). 그러면 생명나무 열매는 무엇인가? 요한계시록에서 약속된 생명나무의 열매(계 2:7)와 감춘 만나(계 2:17)이다. 이 열매가 새 하늘과 새 땅의 먹거리이다! 약속의 열매들은 이기는 자에게 주어질 것이라고 약속되었는데, 이제 그 열매는 새 하늘과 새 땅에서 먹거리가 된다.

종말론적 삶의 양식 - 창조와 새 하늘과 새 땅 사이

결론은 양식이 제한된다는 것이다. 창조 이후 타락은 삶의 방식에 변화를 몰고 왔다. 하나님이 에덴에서 사람들을 내보내실 때, 가죽옷을 지

어 입히시면서 동물의 희생 제사를 염두에 두신다. 제사가 필요한 시대가 되고, 죄를 속하는 제사는 동물을 먹거리로 사용하는 것을 전제한다. 사람들이 에덴에서 떠나자마자 바로 가인과 아벨의 제사가 소개된다. 아벨은 양의 첫 새끼와 그 기름으로 제사를 지낸다(창 4:2-4). 그는 양치는 자였기 때문이다. 제사와 목축은 육식의 허용을 말한다.

홍수 후에 육식은 허용된다. "모든 산 동물은 너희의 먹을 것이 될지라 채소 같이 내가 이것을 다 너희에게 주노라(창 9:3)" 고기를 채소같이 먹거리로 주셨다. 육식이 법적으로 허용되었지만, 무제한적은 아니다. 이 명령은 피가 있는 채로 먹지 말라고 제한한다(창 9:4). 이미 노아 시대에 정결한 짐승과 부정한 짐승의 개념이 있었다(창 7:2, 8:20). 정결한 짐승으로 제사를 지낼 수 있었다. 레위기의 정결, 부정결의 원리가 이미 원형으로 존재하고 있었다. 부정한 짐승은 하나님께 제사로 바칠 수도, 일상의 먹거리가 될 수도 없었다.

정결, 부정결의 원리가 창세기의 역사 초기 사람들의 삶에 영향을 미치고 있었다는 사실과 먹거리에 제한이 있었다는 사실은 연결된다. 정결, 부정결의 원리는 죄가 있는 세상을 조심해서 살아야 한다는 의미이다. 세상과 구별된 삶, 하나님께 구별된 삶은 거룩한 삶이다. 거룩은 정결, 부정결의 원리가 보여주는 것처럼 하나님의 백성들이 살아가는 삶의 방향성이며 율법이 구현하고자 하는 삶의 실체이다. 탐욕과 욕심으로 무엇이든지 제한 없이 먹고 마시는 일, 특히 남의 것까지 탐욕과 욕심으로 탈취하고 도둑질하고 빼앗아 남은 것이 하나도 없게 만드는 일은 허락되지 않는다.

육식의 허락이 탐욕과 욕심으로만 먹거리를 소비할 수 있다는 의미는 아니다. 하나님의 입에서 나오는 말씀이 중요하며, 그 말씀과 뜻을 이해해야 한다. 먹거리에는 하나님의 뜻이 담겨 있다. 백성들은 추수한 것을 가지고 하나님께 나아가면서 구원의 역사를 고백하여야 했다(신 26). 이스라엘 됨은 무엇인지를 기억하면서 음식을 먹어야 하고 죄를 지으면서 먹어서는 안 된다. 탐욕과 탈취, 도둑질한 먹거리는 안 된다. 적극적으로 가난과 굶주림, 그리고 재난의 삶을 기억하는 식사가 되어야 한다. 이것이 다른 사람의 필요와 부족을 도우면서 살아가는 종말적 인간의 바른 모습이다.

바울은 우상에게 바쳐진 고기를 먹는 문제에 대해 하나님이 창조하신 것은 모두 선한 것이기에 먹을 수 있다고 결론을 내린다. 바울은 정결, 부정결 원리를 폐지하신 예수님의 주장 뒤에는 창조 원리가 있다고 이해한다. 모든 것이 하나님이 보시기에 좋은 것이다. 사탄이나 이방 신전에서 식사하여 그들과 교제하는 꼴이 되는 경우를 제외하고는 고기를 먹을 수 있다고 말한다. 그러나 덕을 위해서 자신은 고기를 먹지 않는다고 말한다(고전 8-10장, 특히 10:24). 바울은 로마서나 고린도전서에서 동일하게 무엇을 하든지 주를 위해 하라고 주장한다(고전 10:31, 롬 14:8). 모든 것을 먹을 수 있으나 덕을 먼저 생각하라고 강하게 권면한다. '다른 사람을 생각하라'는 말은 단지 영적인 측면만이 아니다. 실제로 다른 사람의 먹거리를 생각하는 것도 포함해야 한다.

종말론적 성도는 타인을 배려하는 먹거리 생활을 해야 한다. 내 배만 중요하게 여기며 먹고 마시면 안 된다. 반대로 현실에서 너무 채식만이 답이라고 주장해서도 안 된다. 다니엘처럼 종말론적 삶을 살아가겠다는 특별한 결심을 할 수도 있다. 독신으로 사는 경우와 마찬가지이다. 특별한 부르심으로 채식을 선택한다면 좋은 일이다. 채식이 자신에게 감동이 되면 좋은 역할을 할 수 있다. 그러나 채식으로 남을 정죄해서는 안 된다. 남을 살리기 위해 내가 채식을 하는 것인데 다른 사람을 정죄하는 것은 최악의 경우이다. 먹고 마시지만 우리는 주의 사람들이다. 먹거리에는 주를 위하여 이웃을 배려하는 삶을 사는 것도 당연히 포함된다.

우리 교회사에 이세종(1883-1942)이라는 성도가 있다. 화순 사람으로 "도암의 성자"로 알려져 있다. 그는 머슴살이하면서 고리대금으로 돈을 벌었다. 그러나 아들이 없어 고민하는 중에 누군가가 준 성경책을 읽으면서 회심하고 극적으로 변화되었다. 모든 재산을 팔아 가난한 자들에게 나누어 주고 채식을 하면서 수도사와 같은 삶을 살았다. 그는 동광원 수도회를 만들었다. 그의 밑에서 맨발의 성자라 불리는 이현필 선생과 같은 제자들이 나왔다. 그는 신사참배를 피해 은둔하면서 한국 교회를 위해 기도한 사람이다.

오늘날 채식은 체질, 기후와 환경, 혹은 이념 때문에 다시 관심을 받고 있다. 우리 성도들이 어떤 방식이든지 다른 사람을 배려하고 이웃을 사랑하는 삶을 살기 위해 자기가 먹는 음식에 담긴 하나님의 뜻을 찾는 것은 중요하다. 창조의 채식은 남의 먹거리를 함께 고려하면서 살아가는 삶이다. 샬롬.

13
장

일곱째 날의 의미

창조의 완성은 여섯째 날인가? 일곱째 날인가?

창조의 일곱째 날은 6일간의 모습과 다르다(창 2:1-3). 그 다름은 거룩함이다. 거룩은 구별 혹은 분리이다. 다른 날과 분리된 날이 일곱째 날이다. 일곱째 날 자체가 하나님께 복을 받아 거룩하게 되어 다른 날과 구별된다. 날이 복을 받는다는 점도 흥미롭다. 또한 일곱째 날은 다른 날들과 다른 형식을 가진다. '말씀이 있고 그대로 되었다'라는 진술, '저녁이 되고 아침이 되니 일곱째 날'이라는 표현, '보시기에 좋았다'라는 평가 같은 표현이 전혀 없다. 창세기 2장 1-3절을 중심으로 일곱째 날의 그림을 그려 본다.

천지와 만물이 다 이루어지니라

하나님이 그가 하시던 일을 일곱째 날에 마치시니

그가 하시던 모든 일을 그치고 일곱째 날에 안식하시니라

하나님이 그 일곱째 날을 복되게 하사 거룩하게 하셨으니

이는 하나님이 그 창조하시며 만드시던 모든 일을 마치시고

그 날에 안식하셨음이니라(창 2:1-3)

일곱째 날을 창조 행위의 관점에서 보면, '하나님이 만드신 일을 마치고 쉬었다는 내용만 있다. 일곱째 날은 본문 표현의 차이가 가지는 의미를 파악하기가 쉽지 않다. 히브리어 마소라 본문(MT)은 하나님이 만드는 일을 일곱째 날에 마쳤다고 말하지만(창 2:1), 칠십인역(헬라어)은 여섯째 날에 마쳤다고 말한다.

창조의 6일은 창조의 구도를 제시하는 창세기 1장 2절이 가리키는 방향을 따라 나눔과 채움으로 진행되었다. 6일 동안 이루어진 나눔과 채움은 일곱째 날의 성격과는 차이가 있다. 하나님은 쉬셨고, 일곱째 날에 복을 주어 거룩하게 하셨다. 일곱째 날은 나눔과 채움이라는 형식을 가지는 6일과 다른 역할을 한다. 그날은 구별되어 복을 받은 날이다.

창조의 완성이 여섯째 날이라는 입장은 나눔과 채움을 통한 세상 창조가 6일 동안 이루어졌다는 것이다. 일곱째 날에 완성되었다는 입장은 창조의 완성에 하나님의 쉼을 포함하고, 일곱째 날에 다른 날과 구별되

는 거룩함의 복을 포함한다. 관점에 따라 여섯째 날과 일곱째 날을 선택할 수 있을 것이다.

하나님의 쉼은 무엇인가?

하나님이 일곱째 날에 자신이 만들던 모든 일로부터 쉬셨다(창 2:2). 하나님의 쉼은 그분이 만드시던 창조의 일하심로부터 쉼이다. 창조가 아닌 다른 일까지 쉬는 것은 아니다. 예수님이 안식일에 대해 논쟁하실 때 "내 아버지께서 이제까지 일하시니 나도 일한다"라고 말씀하셨다(요 5:17). 내 아버지, 즉 하나님은 지금까지 안식일에도 일하신다. 그래서 아들도 일해야 한다. 예수님은 안식일이 일하는 날이라고 선언하신다.

그렇다면 하나님은 일곱째 날에 창조하는 일만 쉰 것이다. 이것은 창조가 완성되었음을 선언하는 의미이다. 하나님이 창조 사역을 마침으로 보시기에 매우 좋게 완성되었다는 선언이다. 특히 사람에게 다스리는 권리를 부여하여 창조된 세상에서 일하고 지킴으로(창 2:15) 선한 세상이 되게 하셨다. 하나님이 쉬셨다는 것은 자신이 창조하신 이와 같은 질서와 구조에 만족하신다는 의미이다.

하나님의 쉼이 어떤 의미가 있는지 질문한다면, 창조를 기념하기 위해서, 예배받기 위해서, 축하하기 위해서라고 답할 수 있다. 그러나 일곱째 날의 하나님의 쉼은 창조하는 일의 쉼이기 때문에, 창조된 세상의 질서와 밀접하게 연결된다. 일곱째 날의 쉼을 이해하기 위해서 창조의 7일과 깊이 연관된 것들, 안식일, 안식년과 희년, 은혜의 해, 또는 각종 절기를 살펴보아야 한다.

안식일과 일곱째 날

안식일의 본질은 쉼이다. 주인이 안식일에 쉬기 때문에, 모든 식구가 쉴 수 있다. 그 쉼의 근거는 창조(출 20:11)와 출애굽의 구속(신 5:15)이다. 창조와 출애굽이 같은 차원으로 이해된다. 창조를 이해하면 바로 구속을 이해할 수 있다. 출애굽의 구속은 애굽의 속박 아래에 있는 이스라엘을 노예 상태에서 자유롭게 만든 사건이다. 애굽의 제국적 폭력과 억압에 대한 자유이다. 아브라함에게 약속한 세 가지 약속(민족, 땅, 이름)의 성취인 그 나라를 세우기 위한 자유이다. 약속된 그 나라를 세우기 위한 자유이다. 번성을 위한 하나님의 계획이 애굽에서 이루어졌다(창 46:3). 이제 두 번째 약속인 땅을 얻기 위한 시작이 출애굽이다. 약속의 땅으로 가서 자신의 이름으로 나라를 세우는 일을 위한 첫걸음이다. 하나님이 약속하신 땅을 얻기 위해 애굽의 억압으로부터 자유를 주어 나아가게 하신다. 출애굽은 하나님이 약속하신 자신들의 땅과 자리로 돌아가는 일이다.

안식일을 지키는 근거는 하나님이 보시기에 좋은 창조와 아브라함의 자손들에게 약속한 땅으로 가는 출애굽이다. 안식일의 쉼은 하나님 보시기에 좋은 세상과 연결되고, 땅의 약속을 성취하는 일과 관련된다. 애굽에서 억압받는 현실은 하나님 보시기에 좋지 않았다. 마찬가지로 약속의 땅의 삶과는 거리가 멀었다. 안식일은 창조의 선함과 억압이 아닌 자유를 담았다. 그러므로 안식일의 쉼은 선함이고 억압에서 자유이다. 안식일에 쉼으로 하나님 보시기에 좋은 세상이 되고, 약속의 땅에서 선한 삶을 유지할 수 있다. 더 구체적으로 주인이 쉼으로 집안의 식구들, 종들, 그리고 가축들도 쉰다. 6일 동안 경작하고 지키는(창 2:15) 일을 할 수 있는 상태가 된다. 일을 하다가 병이 들거나 지친 사람은 쉼을 통해 치료되고 회복된다. 안식일에 하나님 보시기에 좋은 상태로 회복하기 위해 일을 쉰다.

예수님이 안식일을 이해하는 방식도 마찬가지이다. 당시 바리새인들은 안식일에 병을 고치거나 배고픈 사람이 이삭을 손으로 비벼 먹으면 안식일에 일을 했기 때문에, 곧 안식일을 범했기 때문에 하나님 보시기에 좋지 않다고 보았다. 예수님은 달랐다. 안식일에 병을 고치고, 배고픈 사람은 먹어야 한다고 하셨다. 하나님이 일하시기 때문에 예수님도 일하셨다. 예수님은 사람이 안식일을 위해 있지 않고, 안식일이 사람을 위해 있다고 선언하신다. 안식일을 이해하는 기준을 바꾸시면서 인자가 안식일의 주인이라고 하신다. 안식일이 율법의 대표이기에 인자가 안식일에 주인이라는 말은 '예수님이 율법을 온전하게 하려고 오셨다'라는(마 5:17) 선언과 같다.

예수님은 하나님이 창조하신 세상을 하나님이 보시기에 좋은 세상으로 되돌리는 것이 자신의 사역이며, 이것이 안식일의 쉼이 본질적으로 의미하는 것으로 이해하셨다. 제사장이 안식일에 제사를 드릴 수 있듯이, 배고픈 사람이 먹을 수 있고, 병든 사람도 고칠 수 있다. 예수님에게 안식일은 6일간의 삶에서 병들고, 배고프고, 지친 사람들이 원래 하나님이 만드신 창조의 선한 세상으로 돌아가는 날이다. 안식일은 사람의 회복을 위해 존재한다. 사람이 안식일의 노예가 아니다.

창조와 구속을 근거로 제4계명의 안식일 규정이 존재한다. 보시기에 좋은 세상으로 돌아가기 위해, 약속하신 땅을 회복하기 위해 안식일이 존재한다. 안식일은 시간의 쳇바퀴를 돌면서 원래 목적대로 돌아가는 삶을 살도록 기억하게 만든다. 살면서 깨지고, 부서지고, 병들고, 억눌리고, 미워하고, 다투고, 고통당하는 현실들을 원래 하나님이 보시기에 좋은 상태, 선한 세상으로 돌리는 일을 하는 날이 안식일이다. 이것은 예배 방식, 병 고침의 방식, 서로를 용서하고 탕감하는 방식으로 가능하다. 나아가 먹을 것을 나누어 주는 것, 구제하는 것으로도 가능하다. 어떤 방식을 취하든 하나님이 만드신 선한 세상으로 돌아가는 날이다. 인간 중심의 삶을 끊고 가만히 서서 하나님이 무엇을 원하시는지, 그리고 지금 가는 길이 하나님께서 만드신 선한 세상다운지 돌아보고 고치는 날이자 새롭게 하는 날이 안식일이다.

안식년과 희년

안식년은 제7년마다 빚을 탕감하는 해이다. 부채를 탕감받으면 결과적으로 종이 자유를 얻는다. 고대 사회에서 종이 되는 이유는 주로 부채 때문이다. 이스라엘 사회에서 부채를 탕감받으면 남의 집에서 일하는 삶에서 벗어나 자기 집으로 돌아간다. 이러한 일이 가능한 해가 안식년이다(신 15:1-6).

하나님은 안식년 혹은 면제년을 잘 지키면 복을 받아 다른 나라를 통치하고 오히려 애굽과 같은 나라의 통치를 받지 않는다고 약속하신다(신 15:6). 이것은 출애굽을 떠오르게 한다. 안식년의 근거가 출애굽이다. 그리고 동시에 창조이다. 하나님은 이 세상과 다른 세계를 만들기 위해 아브라함을 부르고 나라를 약속하셨다. 보시기에 좋은 세상, 선한 세상, 의롭고 공평한 세상을 위해 아브라함의 나라를 세우신다. 안식년을 통해 세상 모든 나라가 가야 할 길을 제시한다. 다른 사람들을 억압하지 않고 자유를 주는 나라이다.

희년은 안식년을 일곱 번 지난 다음 해 50년마다 돌아온다. 희년은 자기 땅이 회복된다는 점에서 안식년과 다르다. 자신의 땅, 즉 기업으로 돌아간다. 몸의 자유만으로는 삶을 유지할 수 없다. 특히 가족을 지킬 수 없다. 생산할 수 있는 땅이 있어야 한다. 자신의 가족이 먹고 살 수 있는 삶의 자리가 바로 기업이다. 희년은 땅까지 회복하는 해이다. 희년의 규정을 통해 온 가족이 자신의 포도나무와 무화과나무에서 열매를 먹고(왕상 4:25), 자신의 우물에서 물을 길어 먹는 안식의 삶을 누릴 수 있다.

안식년과 희년은 모두 원래의 자리로 돌아가게 만드는 되돌림이다. 되돌림의 자리는 하나님이 창조하신, 하나님이 보시기에 좋은 세상이다. 이것은 안식일의 목표 지점과 같다. 병든 몸, 지친 삶, 억눌린 현실, 배고픈 인생이 먹고 마시면서 좋은 세상으로 돌아가는 쉼이 있는 날이 안식일이다. 욕심과 탐욕에 찌든 세상에 하나님이 보시기에 좋은 선한 것, 의와 공평이 있는지 점검하면서 되돌리는 날이다.

하나님이 보시기에 좋은 세상으로 되돌리는 회복이 있는 날이 안식일이고, 안식년이고 희년이다. 그렇다면 일곱째 날과 어떻게 연결될까? 일곱째 날은 나눔과 채움으로 이루어진 창조의 완성을 기념하기 위해 구별된 날이다. 6일 동안 이루어진 완성을 뒤돌아보면서, 그것들이 제대로 위치하고 작동하는지를 살피는 날이 일곱째 날이다. 고장나서 제대로 작동되지 않는 현실을 고쳐 원래의 자리로 되돌리는 날이다. 일곱째 날의 정신은 안식일과 안식년과 희년의 원래 방향성을 제시한다. 일곱째 날은 원래 자리로 되돌리는 날이다. 샬롬.

14
장

일곱째 날의 필요

망가질 가능성의 창조 세계

일곱째 날을 망가진 것을 회복하고 고치는 날로 보면 질문이 생긴다. 창조된 처음 세상도 우리 현실처럼 망가짐이 있었을까? 고장이 나고, 부러지고, 굶고, 울고, 싸우고, 미워하고, 전쟁하고, 타인에게 책임을 전가했을까? 아직 타락이 일어나지 않은 창조된 세상이 타락한 세상과 무엇이 다른지 질문한다면 이렇게 답할 수 있다. 하나님은 무너질 가능성이 있는 열린 세상을 만드셨다. 무너진 세상과 무너질 가능성이 있는 세상은 어떤 차이점이 있을까?

창세기 2장 1절은 하늘과 땅 그리고 모든 것들을 완성하였다는 선언이다. 일곱째 날에 그가 하시던 일을 마쳤다(2a). 이어서 날짜를 더해서 완성의 내용을 반복한다.

2b절와 3절은 A-X-A'(교차대칭) 구조이다.

A 일곱째 날에 그가 하던 일로부터 쉬었다(2b절)

X 하나님이 일곱째 날에 복을 주어 거룩하게 했다(3a)

A' 일곱째 날에 그가 만든 창조의 일로부터 쉬었다(3b)

1절과 2a절의 병행은 일곱째 날을 강조한다. 70인역은 앞에서 살폈듯이 창조가 여섯째 날에 완성되었다고 본다. 일곱째 날에 이미 창조가 완성되었기 때문에 하나님의 쉼이 가능하다. 일곱째 날의 쉼이 특별한 이유는 하나님이 그 일곱째 날을 복 주어 거룩하게 구별하셨기 때문이다. 거룩은 구별이다. 복은 창조 목적을 이루기 위한 하나님의 개입이다. 일곱째 날을 구별함으로 창조된 세상은 하나님이 보시기에 좋은 상태로 유지될 수 있다. 일곱째 날의 복은 창조를 선하게 유지하고 힘을 불어넣는다.

일곱째 날은 나눔과 채움이라는 특징을 가진 6일과는 다른 일로 창조와 연결된다. 일곱째 날의 쉼은 '완성되었다'(창 2:1-2a)는 선언에 근거한다. 안식 혹은 쉼의 근거는 완성이다. 그리고 완성은 나눔과 채움의 완성이다. 여기에 하나님의 형상인 사람의 다스림을 통해 일어나는 결과에 따른 후속 조치가 필요하다. 하나님은 창조 과정에 사람이 다스리는 간접적인 개입을 도입하셨다. 하나님이 창조하신 선한 세상을 사람이 유지하고 관리하는 방식으로 다스리신다. 창조된 세상이 언약적으로 작동한다고 말할 수 있다. 그러므로 사람이 순종하느냐 혹은 불순종하느냐에 따라 방향이 나누어진다. 먹을 것, 특히 의를 구체적으로 만드는 채식의 관점에서 보면 사람의 다스림이 선 또는 악으로 규정된다. 이것은 나중에 선악과를 먹는 문제와 연결된다. 먹는 것에는 명령, 즉 율법이 담겨 있다. 먹을 것은 단지 먹는 것으로 제한되지 않는 다스림의 본질을 담는 율법이 되고, 율법이므로 하나님의 뜻과 의지를 담는다. 그래서 사람은 떡으로만 살지 않는다. 사람이 먹거리로 삼아야 하는 떡은 하나님의 입에서 나오는 것을 포함한다(신 8:3).

창세기 2장 1-3절의 구조는 창조의 완성이 하나님의 쉼(안식)이라는 일하심으로 유지된다는 것을 알 수 있다. 하나님은 나머지 6일과 구별되는 쉼이 있는 일곱째 날을 거룩하게 하셔서, 하나님의 말씀대로 그분이 거룩하시기 때문에 우리도 거룩하도록 이끄신다(레 19:2; 20:26). 거룩은 정결, 부정결의 원리를 바탕으로 형성된다. 정결한 것이 하나님께 드려질 때 거룩하다. 정결하지 않은 것은 거룩에 참여하지 못한다. 정결하지 못한 것이 거룩을 만나면 죽음, 즉 헤렘(חרם)이다. 거룩이라는 용어는 정결, 부정결이 보편화된 상태를 염두에 두고 제시되었다. 따라서 창조는 부정한 세상을 염두에 둔다. 망가진 혹은 고장이 난 세상에 거룩이 제시된다. 하나님의 쉼을 강조하는 그날에 왜 복과 거룩이 들어있는가? 6일 창조의 세상은 사람의 다스림으로 망가질 가능성이 있음을 보여 준다.

하나님이 창조하신 세상에는 언약 규정인 율법이 있다. 그리고 인간의 다스림을 통해서 선한 것과 망가지는 것을 선택할 수 있는 열린 세계이다. 절대로 닫힌 세상이 아니다. 마음을 다하고 뜻을 다하고 힘을 다해서 하나님을 사랑해야 한다. 마찬가지로 자기가 먹는 것처럼 이웃에게 먹거리를 제공해야 한다. 그 먹거리를 만드는 세상을 위해서 일(경작)하며 선한 세상을 지켜내야 한다. 이런 측면은 반대로 유혹의 대상이 된다. 내가 혼자 먹으면 얼마나 더 좋을까? 현실적으로는 남의 떡이 더 맛있게 느껴지기도 한다. 편안하게 다른 사람을 종처럼 부리면서 살고 싶은 유혹도 받는다. 남자와 여자의 창조는 다양한 창조이다. 다양함은 다름이 아닌데, 다름을 차이로 생각하고 그것을 이용하여 우월감으로 다른 사람을 억압하고 차별하고 이용하려고 한다. 이 유혹은 역사에서 계속 존재했다. 하나님이 인간에게 다스림을 허락한 결과 세상은 지속적으로 좋을 수도, 악할 수도 있다.

다윗과 안식일 - 계속 일하시는 하나님

앞에서 언급한 요한복음 5장 17절의 내용에서, 아버지께서 지금까지 일하시는데, 도대체 어떤 일을 하실까? 창조의 6일과 다른 일이다. 예수님이 하시는 일과 비슷하다. 아버지가 일하시니 나도 일한다는 예수님의 말씀에서 알 수 있다. 예수님의 구속 사역과 하나님의 창조 일곱째 날의 일은 같은 일이다. 안식일에 병든 자를 고치신 일과 같다. 예수님은 그날에 배고픈 자들이 먹도록 허락하신다. 일곱째 날에 하나님이 일하실 때, 예수님이 함께 일하셨기 때문에, 같은 일을 하신다. 예수님은 안식일을 설명하시면서 다윗과 그의 소년들이 진설병을 먹은 사건을 언급하신다(마 12:2이하). 이 본문을 통해 안식일을 거룩하게 지킨다는 의미를 알 수 있다.

다윗은 사울에게 쫓기고 있다. 다윗은 놉 땅 제사장에게 가서 먹을 것을 요청한다. 제사장 아히멜렉은 줄 수 있는 음식이 없었지만 '여자를 가까이 하지 않았으면 진설병을 주겠다'(삼상 21:4)라고 한다. 즉 성관계로 인한 유출로 부정하지 않다면(레 15:16) 거룩한 떡을 먹을 수 있다는 해석이다. 진설병은 제사장들에게 주어진 거룩하게 구별된 떡이지만, 굶주린 사람들에게도 허락된다. 기업이 없는 레위인이나 제사장이 지금 굶주리는 소년들과 마찬가지이다. 현실적인 말씀 적용이 돋보인다. 다윗과 소년들은 이런 해석과 적용으로 굶주림을 면하였다.

예수님은 거룩한 안식일에 배가 고파서 이삭을 꺾어 비벼 먹은 제자들을 비난하는 바리새인들에게 다음과 같이 답변하셨다. "사람이 안식일을 위해 있지 않고 안식일이 사람을 위해 있다." 안식일의 거룩은 사람을 위해 있다. 나아가 일곱째 날의 거룩도 사람을 위해 존재한다는 선언이다(막 2:27).

경작하고 지키는 다스림의 삶을 살다 보면 굶주림을 겪거나, 다치기도 하고, 유혹을 받을 수도 있다. 창조는 변함없는 완전한 세상이 아니다. 언약적 가능성이 열려 있는 세상이다. 하나님은 일곱째 날을 거룩하게 구별하면서 사람의 다스림을 돕기 위해 계속 일하신다. 사람은 하나님과 같이 완전하게 다스릴 수는 없다. 채식과 선악과라는 율법적 명령을 받는다는 것 자체가 인간의 다스림이 가진 한계를 나타낸다. 하나님이 이런 율법적인 명령을 주신 이유는 율법의 안내가 없다면 인간은 다스림의 방향성을 잃어버리기 때문이다.

다윗의 경우를 통해서 일곱째 날의 거룩함에 참여하는 것은 삶의 노정에 다가오는 모든 어려움과 결핍과 부족의 현실을 극복하는 길로 간다는 의미임을 알 수 있다. 타락의 가능성에 대해서도 열려 있는 세상이라는 관점에서 창조의 일곱째 날은 의미가 있다. 인간은 결국 타락하지 않았는가? 그러나 더 의미 있는 것은 창조의 일곱째 날을 기록한 시대는 이미 타락한 상태라는 사실이다. 무엇보다 힘과 군사력을 통해서 억압과 정복과 포로와 착취가 난무한 현실이다. 그것이 애굽인지, 바벨론인지 알 수 없다. 세상은 힘의 지배가 난무한다. 특히 이사야나 예레미야 같은 선지자들이 이방의 포로가 된 상황에서 이방의 삶을 이해할 때 창조가 빛이 난다. 과연 이 정결하지 않은 이방 땅은 어떤 의미인가? 하나님의 백성들은 힘과 군사력과 경제력으로 빛나는 이방을, 우상이 지배하는 현실을 어떻게 수용하고 극복했는가? 그들은 창조주 하나님을 바라보았다. 천지를 짓지 않은 신은 망한다(렘 10:11). 천지를 창조하신 하나님은 계획과 일을 가지고 있다(사 45:18-19). 천지를 창조하신 여호와 하나님은 결국 구속을 통해서 의로움을 창조하신다.

강한 제국의 군사력과 힘 앞에 포로가 된 백성들, 억압당하는 자들은 하나님의 창조를 어떻게 생각했을까? 원래 하나님이 만드신 세상은 어떤 세상일까? 창조의 세상은 부족과 실수로 혼동과 무질서가 있을 때 원래의 자리로 돌아갈 수 있는 세상, 고의가 아닌 범죄가 일어났을 때 회복이 가능한 세상이 아닐까? 포로가 된 이스라엘 백성들이 약속의 땅으로 돌아간다면 그들이 일구고 싶은 세상은 어떤 모습일까? 현재의 무질서하고, 혼돈하고, 깊은 억압이 난무한 세상을 중단할 수 있으면 얼마나 좋을까? 열심히 일하는 사람들은 쉬는 시간에 낮잠도 자고, 땀을 식히고 간식을 먹는 것이 큰 기쁨이다. 창조 세계는 지금과 같은 강제 노역의 삶을 단절시킬 수 있지 않을까? 포로가 된 자들이 지친 몸과 마음에 쉼을 얻고, 무엇 때문에 일하는지도 돌아보고, 탐욕적인 삶과 생존 때문에 서로가 다치고 상하고 있지는 않은지 살피며 고치는 시간이 있기를 바라지는 않았을까? 거룩하게 구별된 일곱째 날은 고달픈 인생에게 쉼과 고침을 주기 위해 하나님 아버지가 일하시고, 아들이 창조의 회복을 위해 구속을 행하시는 날이다.

이사야와 창조

이사야 46장은 바벨론의 우상 벨과 느보의 신년 하례 행차를 조롱하는 말로 시작한다(1-2절). 바벨론이 바사에 정복된 뒤로 바벨론의 신들은 무력하게 엎드러지고 백성들은 포로로 끌려가는 신세가 된다. 이 신들은 멸망의 위기에 바벨론 백성들의 부르짖음에 답하지 않고 그들을 고난에서 구하지 못하는 무능한 우상이다(6-7절). 이에 반하여 하나님은 태어난 자식을 안고 업어 노년에 이르기까지 품으시는 분으로 소개된다(3-4절). 그러므로 우상과 하나님은 비교할 수 없다(5절). 하나님은 자신의 일을 위해 계획을 세우시고 실행하신다. 특히 동쪽 먼 나라에서 자기의 뜻을 이룰 사람을 불러 계획을 반드시 실행하신다(11절). 이 사람이 바로 고레스이다(사 44:28, 45:1). 고레스를 통해 이스라엘의 구원이 처음부터 계획되었다고 말씀하신다.

내가 시초부터 종말을 알리며 아직 이루지 아니한 일을 옛적부터 보이고 이르기를 나의 뜻이 설 것이니 내가 나의 모든 기뻐하는 것을 이루리라 하였노라(사 46:10)

나의 뜻, 아차티(עצתי)는 10절과 11절에서 반복된다. 10절은 시초부터 계획된 뜻이라는 선언이고, 11절은 고레스를 통한 구원의 계획을 말한다. 고레스를 통해 하나님의 뜻을 세우시는 일은 처음부터 있었다. 처음부터 종말을 알린다고 선언한다. 아직 이루지 않은 일을 보이면서 하나님의 뜻(나의 뜻)이 굳게 설 것이다. '시초부터'(머레이쉬트, מראשית)는 창세기 1장 1절의 '태초'(버레이쉬트, בראשית)와 같은 단어 형태이다. 또한 이사야 44장 24-28절과 문맥이 비슷하다. 이 부분에서 이사야는 만물을 지은 여호와를 소개한다(24절). 창조주는 우상과 연결된 점치는 자들의 지혜를 어리석게 만든다(25절). 반면에 자기의 종과 사자의 말과 계획(아차트, עצת)은 성취하신다(26절). 성취하는 방식은 깊음과 강물들을 마르게 하는 것이고(27절), 이루는 이는 바로 그 종 고레스이다(28절). 이사야

44장 26절에 나오는 계획은 이사야 46장 10, 11절에 나오는 "나의 뜻"과 같은 단어 에차(עצה)이다. 이사야는 뜻 혹은 계획을 시초부터 세워 시행하시는 하나님은 우상과는 철저하게 다르다고 주장한다.

이사야 46장 10절의 '시초'는 창조 때라고 말할 수 있다. 이사야는 창조 때부터 종말의 일이 보였다고 선언한다. 창조를 말하는 창세기 1장 1절부터 2장 3절에서 어떻게 종말의 일이 알려지는가? 종말의 일은 고장이 난 세상과 이스라엘을 회복하는 구원이다. 이것을 창조가 어떻게 알렸는가? 바로 일곱째 날이 그런 역할을 한다. 이사야는 계속해서 안식년과 희년의 연속된 은혜의 때를 소개한다(사 61:1-3). 바벨론 포로로부터 이스라엘 백성이 자신의 기업으로 되돌아오는 때가 바로 은혜의 때이다. 그리고 안식일의 회복을 말한다(사 58:13-14). 이사야 선지자가 창조를 구원의 근거로 선언할 때, 창조는 이미 구속을 담고 있다고 주장한다. 그렇다면 창조와 구속 사이에 있는 고장 난 세계, 죄를 범한 세상을 어떻게 처리할 것인가? 인간의 다스림으로 고장이 난 세상을 회복하고 처리할 가능성이 열린다.

하나님이 창조하신 세상은 열린 세계이다. 신학적으로는 타락의 가능성도 열린 세계이다. 그러므로 창조된 세상은 언약적이다. 일곱째 날이 가지는 회복적 기능은 분명한 하나님의 뜻이다. 제7일은 예배의 날이 분명하다. 그 예배는 사람을 위해 있다. 사람의 다스림이 가져온 파괴와 무너짐을 하나님의 거룩으로 수리하고 싸매고 치료하는 날이 되어야 한다.

창조는 고장이 난 세계를 향해서도 열려 있다. 일곱째 날의 의미는 다시 원래의 상태로 돌아가는 것이다. 샬롬.

15
장

일곱째 날과 먹거리

여섯째 날의 사람의 다스림과 일곱째 날

창세기 1장의 창조는 나눔과 채움으로 사람이 거주할 수 있는 세상으로 프로그램이 되어(창 1:2) 그것이 실현된 세상이다. 특히 하나님의 형상인 인간이 만물을 다스리도록 지음받았다. 인간이 다스린 결과 사람과 짐승이 먹거리를 공급받는, 하나님이 보시기에 좋은 세상이 되었다. 인간의 통치가 어떤 이들을 굶게 만든다면 선한 세상이 아니다. 제국의 통치가 만든 억압적 세상은 육식이 그 특징이다(단 1:15).

성경 시대에 세상 나라들은 우상을 섬겼다. 우상을 섬기는 목적은 십계명에 제시된 대로 "너를 위하여(출 20:4)"이다. 자신을 위해서, 다산과 풍요를 얻기 위해서 우상을 섬겼다. 아합은 바알이 다산과 풍요를 준다고 믿었기에 여호와를 버리고 사마리아에 바알 신전과 제단을 만들었다. 그러나 수년간 비가 오지 않음으로 그 선택이 잘못되었음을 보여 주었다. 또한 아합은 나봇의 포도원을 빼앗는다. 약탈과 억압이 일어나는 세상은 좋은 세상이 아니다. 나아가 애굽과 앗수르와 바벨론과 같은 나라들이 세상을 억압하고 짓밟고 약탈을 일삼는다. 성안에 갇힌 자들은 똥과 오줌을 양식과 음료로 먹어야 한다(사 36:12). 이런 세상은 각자 자기 무화과나무와 포도나무 아래서 먹고, 자기의 우물에서 물을 길어 마시는 평화와 안식의 세상이 아니다. 평화와 안식의 세상은 지혜로운 통치가 만들어 내는 결과이다(왕상 4:25). 제국의 우상이 아니라 하나님을 섬기는 지혜로운 다스림이 있는 세상이다. 이런 세상을 만드는 통치만이 지혜롭고 선하다.

하나님은 히스기야에게 앗수르의 억압과 포위 아래서 굴복하지 않고 하나님만을 의지하고 섬기면 다시금 희년의 복을 누릴 것이라고 약속하신다(사 37:30). 첫째 해와 둘째 해는 기르지 않은 것으로 먹고, 셋째 해에 심어 거두어 먹는다는 것은 희년의 실체이다(레 25:21-22). 앗수르의 억압적 통치를 벗어나는 징조(표적)이다.

이사야 선지자는 바벨론 포로에서 벗어나는 것을 은혜의 해라고 불렀다(사 61:1-3). 희년과 은혜의 해는 같이 위치한다. 회복의 날에는 수치와 능욕 대신에 보상과 몫이 있다. 땅에서 갑절이나 얻는다(사 61:7). 땅에서 나는 것은 식물이며 양식이다.

인간이 바르게 통치한 결과로 먹을 것, 특히 채식이 모든 인간에게 주어진다. 그렇다면 억압적 통치가 만드는 왜곡과 불평등 그리고 굶주림은 악한 세상의 본보기이다. 요셉의 꿈을 보자. 악한 짐승은 사람, 즉 요셉까지도 잡아먹는다(창 37:33). 바로의 꿈에서 악한(흉한) 소는 살지고 아름다운(선한) 소를 잡아먹는다. 악한 것은 또한 7년의 흉년이다. 이는 애굽의 제국적 통치이기도 하다. 이런 상황에서 악에서 떠난 요셉이(창 37:2, 39:9) 지혜로(창 41:39) 먹을 것을 빼앗는 악한 흉년의 공격을 막아 내는 통치를 했다. 기근으로 온 세상에 양식이 없었다. 요셉은 애굽에 양식이 있게 해서 많은 생명을 구했다(창 41:54). 요셉의 통치는 지혜롭고 선하여 먹을 것이 온 세상 사람들에게 두루 미치게 했다.

일곱째 날은 인간의 억압적 통치가 만든 선하지 못한 결과를 고치고 복원시키는 날이다. 그 중심에 먹을 것을 공급하는 세상의 회복이 있다.

회복과 먹거리

시편 67편을 읽으면서 이야기를 전개해 보자. 67편은 3절과 5절이 4절을 감싸는 구조이다. 3절과 5절은 내용이 같다.

하나님이여

민족들이 주를 찬송하게 하시며

모든 민족들이 주를 찬송하게 하소서(3절)

온 백성은 기쁘고 즐겁게 노래할지니

주는 민족들을 공평히 심판하시며

땅 위의 나라들을 다스리실 것임이니라(셀라)(4절)

하나님이여

민족들이 주를 찬송하게 하시며

모든 민족으로 주를 찬송하게 하소서(5절)

하나님의 공평한 통치가 땅 위 나라들에게 임하는 것은 모든 민족들이 부르는 찬송의 내용이다. 하나님의 공평한 통치와 그 내용을 시편 67편에서 알 수 있다. 구체적인 내용은 2절과 6절에 나오는 땅과 연결된다. "주의 도를 땅 위에, 주의 구원을 모든 민족에게 알리소서(2절)"에는 "주의 도"와 "주의 구원"이 병행으로 나온다. 그런데 6절에는 그의 소산을 내어 주었다고 한다(6a절). 역시 땅이다. 땅에 있는 주의 도와 구원, 그리고 땅이 그 소산을 내는 것은 병행을 이룬다. 3-5절의 구조를 감싸고 있는 2절과 6a절은 하나님의 구원의 길이라고 할 수 있는 소산, 즉 곡식을 땅이 내어 놓는다고 말한다. 땅에 곡식이 나는 것이 주의 길이고 구원이다. 이것이 모든 나라들이 알 내용이다(2b절).

이제 땅이 곡식을 내는 참된 근거를 시편 67편 1절과 6-7b절에서 살펴보자. 1절과 6-7b절은 2-5절을 감싸고 있다. 1절은 제사장 축복의 일부이다. 민수기 6장 24-26절과 비교해 보자.

하나님은 우리에게 은혜를 베푸사 복을 주시고
그의 얼굴 빛을 우리에게 비추사(셀라)(1절)

그리고 6b-7절도 복의 내용을 담고 있다.

하나님 곧 우리 하나님이 우리에게 복을 주시리로다
하나님이 우리에게 복을 주시리니 땅의 모든 끝이 하나님을 경외하리이다(6b-7절)

1절과 6b-7절은 제사장의 언약적 축복을 말한다. 자기 백성, 곧 우리에게 주시는 복과 은혜로 땅에 곡식이 나는 하나님의 길과 구원이 드러난다. 이것이 민족들과 나라들로 하여금 찬송하는 내용인 하나님의 공의로운 통치, 곧 심판과 다스림이다. 이는 세상 나라의 통치와 구별되고 찬송의 주제이다. 그 구체적인 내용은 땅에 곡식을 주는 것이다. 그것은 구원의 길이다.

그러면 땅이 곡식을 내는 것과 주의 구원의 길 사이의 관계를 더 질문할 수 있다. 네덜란드 신학자 딸스트라(E. Talstra)는 2002년에 쓴 『신약과 구약을 읽는 사람들』(Oude en Nieuwe lezers) 288쪽에서 이런 결론을 내린다. 시편 67편 연구에서 구약에서 땅이 곡식을 내는 본문들을 조사하여 두 종류로 나누었다. 하나는 오경에 나오는 축복과 저주 본문들이고(레 25:19, 26:4, 20, 신 11:7 등) 둘째는 종말에 대한 본문들(겔 34:27, 슥 8:12, 시 85:13 등)이다. 그는 땅에서 곡식이 나는 것을 언약적 축복과 저주의 문맥에 놓음으로 오경의 본문들과 시편 67편의 상황을 연결시켰다. 그리고 종말과 관련된 본문들을 살핀다.

먼저 에스겔 34장 20-26절을 보자. 하나님이 새로운 목자 그 종 다윗을 왕으로 세우셔서(24절). 악한 짐승을 그치게 하고, 병들고 파리한 양들을 모아 살지게 만드신다(23절). 이때 하나님이 복을 내리셔서 비가 있고(25절) 밭에 나무가 열매를 맺고 땅이 그 소산을 낸다. 그 결과 그 땅이 평안하다(26절). 새로운 통치의 시대가 땅의 소산물로 표현된다.

다음은 스가랴 8장 9-13절이다. 새로운 성전이 지어진다(9절). 성전이 지어지기 전에는 사람과 짐승이 삯을 받지 못하며 평안이 없다(10절). 지금 당장 평안이 없는 것으로 여기지만, 여호와께서 이루시는 새로운 시대는 옛 시대와 다르다고 선언한다(11절). 평강의 씨앗을 얻어 포도나무가 열매를 맺고 땅이 산물을 낸다(12절). 남은 백성들이 누릴 평안이다. 이제 저주가 아니라 복이 선언된다(13절). 새로운 시대에 주어지는 축복이 땅의 곡식과 함께 시작된다. 이런 축복이, 많은 나라와 백성들로 하여금 예루살렘으로 오는 순례를 하게 한다고 딸스트라는 말한다(슥 8:20-22, 위의 책 288-289쪽).

언약에 따른 상과 벌을 기록한 레위기 26장에는 땅이 저주받아 열매를 맺지 못할 것이라는 예고가 있다(26절). 하지만 폐허가 된 뒤로 하나님께서 다시 언약을 기억하시면 땅도 기억하실 것이라는 약속이 있다(42절). 땅이 다시금 열매를 맺는 시대로 갈 것이다.

우리는 딸스트라 교수가 살핀 땅과 소산물의 관계를 말하는 본문들을 통해 시편 67편 6절을 더 깊이 이해할 수 있다. 땅이 그 소산을 내는 것은 언약적 축복의 결과이다. 또한 땅이 소산을 내는 것은 포로 생활을 마치고 회복되는 세상의 출발이며 증거이다. 이것이 바로 온 세상이 찬송할 내용이 된다.

포로가 된 언약 백성의 회복, 즉 구원의 시작은 땅이 곡식을 내는 것이다. 이것을 일곱째 날과 연결하면 일곱째 날이 가진 회복, 복귀의 관심은 먹을 것을 고루 공급하는, 즉 채식을 하는 세상을 만드는 것이다.

회복의 풍년

선지자들은 시편 67편과 땅이 소산물을 내는 종말론적 의미, 즉 포로에서 회복되는 의미를 더욱 확인시킨다. 선지자들은 이스라엘이 하나님의 심판으로 포로가 되었지만, 그들이 회복되는, 또는 다시 돌아오는 구원의 때를 풍년과 연결해서 선언한다.

이사야의 예언에 따르면(사 55:10-13), 이스라엘이 포로에서 돌아올 때, 목마른 자들이 돈 없이 값없이 포도주와 젖을 산다(사 55:1). 좋은 것을 먹는다(2절). 하늘에서 비와 눈이 내려서 땅을 적시고 소출이 난다(10절). 산들과 언덕들이 기뻐하고(12절) 잣나무와 화석류가 가시와 찔레를 대신한다(13절).

에스겔, 스가랴, 호세아 선지자도 마찬가지이다. 하나님은 돌아오는 자에게(호 14:1-3) 진노 대신에 이슬로 응답하신다(4-5절). 감람나무와 백향목으로, 그리고 곡식의 풍성함 같을 것이라고 말한다(6-8절). 요엘은 하나님이 종말에 이른 비와 늦은 비를 주어 곡식과 새 포도주와 기름을 주신다고 약속한다(욜 2:18-19, 3:18 참고). 아모스도 다윗의 무너진 장막을 세우는 때에 추수하는 기쁨을 표현한다(암 9:11-15). 미가도 주의 백성을 갈멜과 바산과 길르앗에서 양 떼를 먹이듯 먹는 때를 회복으로 본다(미 7:14). 학개는 성전을 짓는 때에 다시 포도나무와 무화과나무에 열매가 맺히는 회복을 말한다(학 2:19). 말라기는 십일조를 바치는 회복의 날에 하늘 문을 열고 복을 부어 주실 때 토지에 소산과 열매가 있을 것이라고 말한다(말 3:10-12).

먹거리가 주어지는 것과 회복은 깊이 연결되어 있다. 창조의 6일이 말하는 좋은 세상이 먹거리가 공급되는 세상이기 때문이다. 선지자들은 죄로 망가진 세상이 회복되는 구원의 때를 다시금 먹거리가 주어지는 세상으로 표현했다.

일곱째 날은 저녁이 되고 아침이 되는 단절이 없다. 어떤 이는 계속해서 7일이라고 말한다. 태초는 종말을 담았다. 일곱째 날은 고장이 나는 세상을 회복하시는 하나님의 일이 계속되는 날이다. 또한 먹거리가 구체적으로 공급되는 세상을 만드시는 하나님의 일이 계속되는 날이다. 샬롬.

하늘과 땅의 역사

토레도트 양식에 따른 창세기 단락 구분

창세기에는 11개의 표제어가 있다. 이 표제어들에 공통으로 들어 있는 단어가 바로 히브리어 토레도트(תולדת)이다. 창세기는 창조로부터 애굽에 정착하여 번성하는 야곱의 열두 아들들에 이르기까지 긴 시간의 흐름을 압축하여 보여 준다. 표제어들은 이런 긴 시간의 흐름이 방향을 잃지 않도록 신호판 역할을 한다.

11개의 토레도트 형식을 담은 표제어의 목록은 다음과 같다.

1. 천지의 창조된 내력(토레도트)이 이러하니라(창 2:4)

2. 아담 자손의 계보(토레도트)가 이러하니라(창 5:1)

3. 노아의 족보(토레도트)는 이러하니라(창 6:9)

4. 노아의 아들 셈과 함과 야벳의 족보(토레도트)는 이러하니라(창 10:10)

5. 셈의 족보(토레도트)는 이러하니라(창 11:10)

6. 데라의 족보(토레도트)는 이러하니라(창 11:27)

7. 하갈이 아브라함에게 낳은 아들 이스마엘의 족보(토레도트)는 이러하고(창 25:12)

8. 아브라함의 아들 이삭의 족보(토레도트)는 이러하니라(창 25:19)

9. 에서 곧 에돔의 족보(토레도트)는 이러하니라(창 36:1)

10. 세일 산에 거한 에돔 족속의 조상 에서의 족보(토레도트)는 이러하고(창 36:9)

11. 야곱이…그 아비의 우거하던 땅에 거하였으니, 야곱의 족보(토레도트)는 이러하니라(창 37:2)

* 위 표현은 개역한글성경입니다. 개역개정은 토레도트가 잘 드러나지 않습니다.

토레도트 양식의 표제어는 이름과 같이 단락의 제목이 되어 각 단락의 처음에 나온다. 이 표제어를 기준으로 단락을 나눌 수 있다.

천지창조(1:1-2:3)

천지의 토레도트(2:4-4:26)

아담 자손의 토레도트(5:1-6:8)

노아의 토레도트(6:9-9:29)

셈, 함, 야벳의 토레도트(10:1-11:9)

셈의 토레도트(11:10-11:26)

데라의 토레도트(11:27-25:11)

이스마엘의 토레도트(25:12-25:18)

이삭의 토레도트(25:19-35:29)

에서의 토레도트(36:1-36:8)

세일 산에 거한 에서의 토레도트(36:9-37:1)

야곱의 토레도트(37:2-50:26)

토레도트 양식의 구성과 의미

토레도트는 개역개정 성경에서 내력, 계보, 족보로 번역되었다. 토레도트는 '낳는다'라는 뜻의 히브리어 단어 야라드(ירד) 동사에서 파생한 명사이다. 개역개정 성경에서 족보라는 뜻으로 자주 번역되었다. 그런데 2장 4절은 사람이 아니라 "하늘과 땅"에 붙었다. "하늘과 땅"에 "족보"로 번역해서 연결하기 어렵기 때문에 "내력"으로 번역한 듯하다. 토레도트를 수식하는 소유격은 사람인 경우가 대부분이다(예. 아담의 토레도트, 아브라함의 토레도트 등). 하지만 "하늘과 땅" 같은 사람이 아닌 단어가 수식하기도 한다. 사람과 사물을 모두 포함하기 때문에 한 단어로 번역하기가 쉽지 않다. 창세기의 통일성에 대한 학위논문을 쓴 퀼링(S. R. Kuelling)은 역사를 제안한다. 역사는 하늘과 땅, 사람 모두에 어울리는 번역으로 보인다.

토레도트 양식은 세 형태가 결합하여 구성된다. 히브리어 순서로 먼저 지시사가 있고, 두 번째는 토레도트가 있고, 마지막에는 소유격 형태의 사물과 사람 명칭이 나온다. "이것은 ㅇㅇ의 토레도트이다"("ㅇㅇ אלה תולדות") 형식이다. 세 가지 요소로 구성된 표제 어구에서 각 구성 요소의 역할을 정리할 수 있다. 먼저 지시사는 표제 어구가 이끄는 단락 전체를 제시한다. 그리고 토레도트는 역사로 번역되어 토레도트를 수식하는 소유격에서 시작된 역사를 가리킨다. 그리고 마지막으로 소유격 사물과 명사는 그 단락 전체의 성격을 규정하는 주체이다. 그런데 소유격 명사의 기원 자체는 그 단락에서 말하지 않는다. 소유격 명사의 기원을 알고 싶으면 그 앞의 단락을 보아야 한다. 이것은 토레도트라는 단어가 '낳다'는 단어에서 나왔음을 기억할 때 이해할 수 있다.

"이것이 하늘과 땅의 내력이니"(창 2:4)에서 "이것이"는 창세기 2:4-4:26의 내용을 지시한다. 하늘과 땅은 내력(토레도트)이 이끄는 성격을 정의한다. 하늘과 땅의 창조는 창세기 1:1-2:4에 있다. 즉, 하늘과 땅을 2:4-4:26에서는 설명하지 않는다. 창조된 하늘과 땅에서 어떤 일이 일어났는지가 창세기 2:4~4:26이 관심을 두는 것이다. 그 역사를 보여 준다. "하늘과 땅의"라는 소유격은 이 단락의 성격을 보여준다. 하나님이 만드신 세상이 어떻게 진행되는지를 말한다. 즉, 글의 방향을 결정한다. 하나님이 창조하신 하늘과 땅에서, 에덴과 선악과, 타락과 에덴 추방, 추방된 땅에서 가인과 아벨의 사건이 일어난다.

창세기 1장 1절

창세기의 시작이자 첫 단락의 표제 어구는 "태초에 하나님이 천지를 창조하셨다"이다. 표제 어구의 형식을 만든다면 "이것이 하나님의 토레도트이다"가 될 것이다. 그런데 왜 이런 표제구를 사용하지 않는가? 토레도트는 '낳다'라는 동사에서 나온 명사형이다. 낳는다는 말은 어떤 이나 사물이 누구를 낳는 사건을 의미하지만 동시에 이 단어는 어떤 이나 사물의 기원을 전제로 한다. 토레도트는 천지가 하나님에게서 왔음을 전제하는데 여기에는 한계가 있다. 하나님이란 소유격과 토레도트가 같이 붙으며 창세기 1장 2절-2장 3절까지의 내용이 하나님에게 왔다는 사실은 잘 설명할 수 있지만 하나님이 어디서 왔다는 사실을 전제한다. 이것은 성경의 의도와 다르다. 하나님은 누구에게서 오신 분이 아니다. 하나님은 스스로 계시고, 모든 것을 있게 하시는 분이다. 그래서 토레도트와 하나님의 결합은 형식상 가능하지만 하나님에 대한 오해를 불러일으킨다. 창세기 1장 1절의 표제어는 하나님이 태초에 천지를 창조하셨다는 선언으로 시작한다.

하나님이 창조하신 하늘과 땅에서 일어난 역사는 이러하다. 토레도트를 역사라고 번역하는 것은 성경의 기록이 사실임을 반영한다. 성경이 계시로서 어떤 역할을 하는가를 이해하기 위해 기록 의도, 목적 같은 요소들을 다양하게 탐구하지만 먼저 역사라는 사실을 잊지 말아야 한다는 의도가 담겨 있다. 선악과를 따 먹은 것은 죄가 세상에 있음을 말하는 신화가 아니다. 역사적 사실이다. 그 사실을 바탕으로 우리는 왜 하나님이 에덴 동산에 선악과와 같은 먹거리를 통해서 선과 악의 개념을 세상에 두셨는지 질문하고 답할 수 있다. 샬롬.

물과 사람이 있는 에덴 동산

하나님이 만드신 하늘과 땅에서 일어난 역사

창세기 2장은 창세기 1장과 다른 창조 이야기라는 주장이 있다. 창세기 1장과 2장의 신명이 다르고, 사람을 만드신 것, 각종 들짐승을 다시 만드는 창조의 순서가 다르고 반복된다는 것이 이유이다. 창세기 1장에서 하나님은 나눔과 채움의 과정을 통해 천지를 만드셨다. 2장 4a절에 언급되는 하늘과 땅은 1장에서 만들어진 그 하늘과 땅을 말한다. 창세기 2장은 그 하늘과 땅에서 일어난 일을 더 상세하게 인간이 거주할 수 있는 세상이라는 관점에서 발전시키고 확대해 기록했다. 하나님은 이미 만들어진 하늘과 땅 안에 있는 것들을 필요에 따라 만드는 과정을 반복하시기도 한다.

'하나님은 사람이 거주할 수 있는 세상을 만드셨다'라는 창세기 1장의 창조 관점으로 창세기 2장은 에덴을 조성하면서 사람이 세상과 어떻게 관계를 맺어야 하는지를 관심 있게 조명한다. 에덴은 하나님의 형상으로서 다스리는 사람의 역할을 드러내는 현장이다. 하나님과의 관계를 바탕으로 사람과 삶의 자리인 에덴이 자리잡는다. 하나님과 사람의 특별한 관계를 언약적 관계라고 부른다. 그 언약적 관계에서 하나님의 이름은 여호와이다. 창세기 2장의 내용은 언약적 관계에 있는 하나님과 인간의 이야기이다. 1장은 창조가 중심으로 펼쳐지고 있기 때문에 신명이 엘로힘(하나님)으로 제시되었다. 1장과 2장을 연결해 창조의 하나님의 이름인 엘로힘과 언약적 관계를 강조하는 여호와가 함께 결합한다. 창세기 2장은 여호와 하나님을 소개한다.

에덴은 어떤 곳인가?

창세기 1장에서 창조된 땅은 비와 사람이 없었다고 창세기 2장은 말한다. 앞에서 살핀 것처럼 창세기 2장 4절의 표제 어구는 "이것이 천지가 창조될 때 하늘과 땅의 내력이니"이다. 이 구절에서 토레도트(내력)을 수식하는 하늘과 땅은 히브리어로 정관사가 있고, 천지는 정관사가 없다. 1장에서 창조한 "그" 하늘과 땅에서 2장의 천지(하늘과 땅), 즉 세상이 만들어졌음을 말한다.

1장의 "그" 하늘과 땅에서 만들어내는 (정관사가 붙지 않은) 세상에는 물과 사람이 없었다. 물과 사람이 없으니 들에는 아직 초목이 없었고, 밭에는 채소가 나지 않았다(창 2:5b). 초목은 사람이 가꾸지 않아도 물만 있으면 나는 야생 식물을 가리키지만, 채소는 사람이 가꾸어야 자라는 식물이라고 구약학자 푸타토(M. Futato)는 자신의 논문 "Because It Had Rained" 3쪽에서 주장한다. 5절의 앞부분과 뒷부분은 원인, 결과 관계이다. 비와 사람이 없었기에 야생식물도, 그리고 기르는 식물도 없었다.

창세기 2장 6-7절은 5절의 문제를 해결한다. 6절은 물의 공급을 7절은 하나님의 사람을 지으심을 말한다. 6절에 공급된 물을 말하는 "안개"에 대한 논의는 다양하다. 푸타토는 우가릿 언어의 대가인 다후드(M. Dahood)의 견해를 따라서 안개를 샘(spring) 혹은 시내(stream)로 번역하는 것에 만족하지 않고 비구름이라고 주장한다. 창세기 1-2장의 창조 사건을 바알 신과 하나님을 대조하기 위한 목적으로 보기 때문이다. 창세기 2장 5절에서 하나님이 비를 내리지 않았기 때문이라는 말과 관련해서 비구름을 말한다. 푸타토의 주장은 바알 숭배자들에 대한 변증 목적으로 창조 기사를 이해하는 측면에서 장점이 있지만, 의미를 너무 제한한다.

비가 없었기 때문에 물이 없었다는 것을 알 수 있다. 6절에서 들에 식물이 없었던 상황을 샘이 해결한다. 7절은 하나님이 사람을 흙으로 지으시고 생기를 불어넣어 생명체가 되게 하셨다고 말한다. 물과 사람이 없었다는 5절의 문제를 샘이 솟아나고(6절), 사람을 만드셔서(7절) 해결한다.

에덴은 이런 배경에서 더 구체화된다. 여호와 하나님이 동방의 에덴에 동산을 만드신다(창 2:8). 그리고 사람을 거기에 두셨다. 에덴에서 보기에 탐스럽고 먹기에 좋은 나무들이 나게 하신다. 에덴에서 강이 흘러나와서 네 강의 근원이 되었다. 에덴은 물이 흐르는 곳이고, 하나님이 만드신 사람이 있는 곳이다. 에덴 동산은 물과 사람이 있어서 먹을 수 있는 과일나무들이 생겨나는 곳, 먹거리가 있는 장소이다.

후대 기독교가 에덴을 이상적인 곳으로 만들었기 때문에 에덴은 지상 낙원이라는 이미지를 얻었다. 특히 금과 은, 보석이 있는 곳으로 이해하는 경우가 있다. 에스겔 28장에 나오는 두로 왕을 비유하는 표현이 대표적인 근거로 제시된다.

네가 옛적에 하나님의 동산 에덴에 있어서 각종 보석 곧
홍보석과 황보석과 금강석과 황옥과 홍마노와 창옥과 청보석과
남보석과 홍옥과 황금으로 단장하였음이여(겔 28:13a)

두로 왕의 영광을 에덴에서 각종 보석으로 치장한 모습으로 그린다. 이것은 비유이다. 낙원인 에덴과 세상의 가장 좋은 보화로 치장한 모습을 연결하지만, 에덴에 이러한 보석이 있었는지 창세기 본문은 말하지 않는다. 창세기 2장은 황금과 보석을 언급하지 않는다. 단지 강의 근원이 에덴에 있고, 거기에서 갈라져 흐르는 강 하나인 비손 강이 금이 있는 하윌라 온 땅을 둘렀고, 그 땅에 좋은 금과 베델리엄과 호마노가 있다. 에덴에

있는 것이 아니고 하윌라 땅에 있다. 오히려 에덴에는 이런 금과 보석들에 대한 정보가 없다. 에스겔 선지자는 에덴의 낙원과 세상의 좋은 것을 다 모은 모습으로 해상 왕국의 두로 왕을 설명하려고 한다.

에덴 동산은 낙원이라기보다 먹거리가 시작되는 곳이다. 물이 있고 사람이 있어서 먹거리를 얻을 수 있는 곳이 에덴이다. 그런데 먹거리의 문제를 넘어서는 중요한 점이 있다. 바로 선악과이다.

에덴에 주어진 질서

에덴에는 먹을 수 있는 열매가 열리는 좋은 나무들이 있고, 동산 중앙에는 생명나무와 선악과나무가 있다. 동산 중앙에 있는 생명나무와 선악과나무는 어떤 역할을 할까? 창세기 2장 16-17절에 선악과나무 규정이 나온다. 앞 구절인 15절은 하나님이 사람을 이끌어 에덴 동산에 두어 경작하여 지키게 했다고 말한다. 사람을 에덴에 두었는데(8절), 그 역할을 15절이 규정한다.

생명나무는 아담이 선악과를 먹은 후, 생명나무로 접근하는 길을 그룹들이 막은 것(창 3:22-24)으로 그 의미를 이해할 수 있다. 사람은 에덴에서 무엇을 하는가? 에덴을 경작하고 지켜야 한다. 에덴을 경작하고 지키게 하셨다. '경작한다'(아바드, עבד)는 농사와 노동과 연결된다. 에덴에서 사람은 경작하는 일로 먹거리를 만들어야 한다. 일은 경작에 그치지 않는다. 지켜야 한다. 지키는 것은 선악과와 관련된 의미이다.

하나님이 주신 동산의 모든 먹거리는 하나님의 명령이 담겼다. 모든 것을 먹지만 선악과는 먹지 말라는 명령은 나중에 사람이 "떡으로만 사는 것이 아니고 하나님의 입에서 나오는 것으로 산다"라는 신명기 8장 3절과 같은 의미이다. 떡 없이 말씀으로만 산다는 의미가 아니다. 떡과 함께 하나님의 입에서 나오는 것을 통해 살아간다. 말씀을 배제하고 떡만 구하는 삶은 바른 삶도 아니고 좋은 삶도 아니다. 예수님은 이 구절을 인용해서 마귀의 시험을 거절하셨다(마 4:4). 굶어야 하는 상황에서도 먹지 말아야 하는 먹거리에 대한 하나님의 명령은 그것을 지켜야 한다는 의미를 내포한다.

에덴 동산은 물과 사람이 있어서 경작하면 먹거리가 나는 곳이다. 그런데 에덴 동산은 경작하여 먹는 곳만은 아니다. 거기에는 먹지 않아야 하는 명령이 있다. 물론 먹어야 하는 명령도 있다. 그 명령은 하나님의 법이며, 그 법이 구현하는 질서가 된다. 결국 먹거리로 살아가는 질서가 있는 곳이 에덴 동산이다. 샬롬.

다른 이들의 먹거리, 선악과

에덴에서 주어진 율법

에덴 동산도 사람이 사는 곳이기에 질서가 필요하다. 질서는 법적 구속력이 있다. 앞에서 살펴본 것처럼 사람은 에덴에서 경작하고 지키는 일을 한다(창 2:15). 창세기 2장 16-17절은 이것을 구체적으로 표현한다. "동산 각종 나무의 소산을 마음껏 먹어라. 그러나 선악을 알게 하는 나무의 열매는 먹지 말아라. 먹으면 반드시 죽는다"(저자 사역)

사람은 에덴에서 일하면서 각종 나무의 열매를 먹는다. 그러나 선악과 나무 열매를 먹으면 안 된다. 동산 중앙에 생명나무도 있지만 생명나무에 대한 규정은 아직 주어지지 않았다. 선악과를 먹은 다음에 생명나무를 먹을 수 없도록 길을 막고 에덴에서 추방한 사건이 일어난다(창 3:22-24). 생명나무는 선악과와 연결되어 있음을 생각할 수 있다. 핵심은 선악과를 먹지 말라는 명령이다. 창세기 2장 16절은 하나님이 명령하셨다는 말로 시작한다. 에덴과 같은 낙원, 그리고 타락이 아직 일어나지 않은 세상의 명령은 쉽게 이해되지 않는다. 명령은 규례와 법도 그리고 율법과 같다. 율법은 하나님의 입에서 나온 말씀이며 질서이다. 에덴 동산에는 물이 있고 사람이 있어서 경작하면 열매를 얻을 수 있는 세상이므로 일을 해야 한다. 놀고먹는 세상이 아니다. 에덴은 사람이 일을 하면 먹을 것이 생기는 세상이다. 그 세상에서 하나님께서는 선악을 알게 하는 나무의 열매를 먹지 말라고 명령하신다.

경작하면서 그 열매를 먹으라는 명령은 조화롭게 보이지만, 경작하는데도 먹지 말라는 명령이 있다. 바로 선악과 열매를 먹지 말라는 명령이다. 에덴에는 수고하고 경작했지만 먹어야 할 것과 먹지 말아야 할 것의 구별이 있다. 그것을 선악과로 규정한다.

선악과

선악과는 선악을 아는 나무의 열매이다. 나무 열매에 왜 선악을 결부할까? 나무 이름으로 선악을 사용하는 것은 선악이 이미 알려졌음을 말한다. 창조 과정을 통해 선과 악의 개념이 이미 자리잡았음을 알 수 있다. 선악과의 선하고 좋은 것은 사람과 짐승들에게 평화의 양식이 제공되는 것이다. 선악과의 악한 것은 힘과 권세를 가진 자들만이 먹고 마시는 것이다. 그 결과 동료 인간들이 먹지 못하고 짐승들이 기근에 시달리는 세상이다. 이제 이런 관점에서 선악과를 살펴보자.

선악과를 먹지 않으면 좋은 것이다. 하나님의 명령이 그대로 되기 때문이다. 앞에서 살펴본 것처럼 선한 상태는 말씀이 그대로 되는 것이다. 반면에 하나님의 명령이 그대로 되지 않으면 악한 상태이다. 이는 선악과를 따 먹는 경우이다. 앞서 창조의 질서 가운데 선한 상태는 사람과 짐승들에게 먹을 것이 평화롭게 제공되는 것이라고 말했다. 반대로 악한 상태는 육식과 같은 폭력적인 음식을 차별적으로 먹는 바벨론 제국의 식탁과 같은 세상이다. 창세기 1장의 결론으로 선과 악의 이해를 선악과를 먹는 것과 연결하면 선악과의 의미가 도출된다. 선악과를 먹지 않는 것은 평화롭게 동료 인간들과 짐승들이 먹거리를 먹는 것이다. 반대로 선악과를 먹는 것은 폭력적 음식(육식)을 차별적으로 먹기에 세상에 굶주림과 기근이 있는 것이다. 선악과를 먹지 않는 것은 다른 동료 인간들과 짐승들에게 양식이 골고루 나누어지도록 잘 다스리는 것이다. 하나님의 형상의 가치는 다스림인데 그 다스림의 결과는 차별적 부를 쌓는 것이 아니고 다른 동료 인간들에게 평화의 음식을 먹이는 것이다.

앞에서 다니엘과 세 친구가 바벨론의 육식과 포도주를 거부하면서 채소와 물을 먹었던 사건을 살펴보았다. 제국적이며 폭력적인 음식이 담지 못하는 종말론적 회복의 약속을 보았다. 민수기에 나오는 제사장의 축복은 샬롬(평화)의 양식이 하나님의 절대적인 선한 뜻임을 잘 보여 준다.

여호와는 네게 복을 주시고 너를 지키시기를 원하며
여호와는 그의 얼굴을 네게 비추사 은혜 베푸시기를 원하며
여호와는 그 얼굴을 너게로 향하여 드사
평강(평화, 샬롬) 주시기를 원하노라(민 6:24-26)

제사장의 축복은 제사장들이 성소에 들어갈 때마다 그 안에서 마주치는 장면을 언어로 표현한 것이다. 성소에는 떡상과 촛대가 마주하고 있다(출 40:24). 떡상에는 만나 두 오멜의 떡 열두 개가 나란히 두 줄로 배열되어 있다. 이스라엘 열두 지파가 안식일을 기억하면서 먹는 일용할 양식이다. 이 떡상을 비추는 것이 바로 마주한 촛대의 불빛이다. 불빛이 깜깜한 성소 안을 비추는데, 특히 떡상에 비추는 장면을 말로 표현한 것이 제사장의 축복이다. 여호와의 얼굴빛으로 평강(평화, 샬롬)을 주시기를 기원한다. 성소에 있는 향단은 바로 성도의 기도이다. 향을 피우는 동안 성도들이 밖에서 기도하는 내용이 바로 일용할 양식으로 대표되는 일상의 삶이다.

제사장의 축복과 성전의 역할은 평화의 음식을 골고루 먹는 선한 세상을 만들어 가야 할 책임이 사람들에게 주어졌음을 선언하는 것이다. 예수님이 성전을 청결하게 하신 이유는 성전의 역할이 변질되어 은혜를 구하는 기도하는 집이 아니고 탐욕으로 물들어 장사하는 집, 힘이 지배하

는 강도의 세상이 되었기 때문이다.

　선악과를 먹지 않음으로 다른 사람들이, 아니 모든 사람이 평화의 음식을 먹는 세상이 된다. 따라서 선악과는 내가 먹는 양식이 아니라 다른 사람이 먹어야 하는 양식이다. 내가 다른 사람의 양식까지 폭력적으로 먹어 버린다면 다른 사람은 굶주리고 선한 세상은 깨진다. 나는 호화롭게 잘 먹고 다른 사람들은 던져진 음식을 개돼지와 경쟁하면서 먹는 세상은 정의롭지 못한 세상이다. 사람들이 제대로 다스리지 못하는 세상, 하나님의 형상다움이 파괴된 세상이다.

　우리는 에덴 동산에서 먹을 것이 선악의 기준을 어떻게 갈라놓았는지 질문했다. 선악과를 먹지 않음으로 다른 사람들이 먹을 것이 확보되고 서로 평화로운 관계가 유지되는 세상이 된다. 그러나 내가 욕심을 부리고 쌓아 놓고 이익을 얻으려는 관점으로만 살아가고 먹는다면 악한 세상이 되고 만다.

　선악과를 먹지 말라는 하나님의 명령은 사람을 하나님의 형상으로 만드신 목적을 제시한다. 사람이 선악과를 먹지 않는 명령을 그대로 순종함으로 평화로운 세상을 만들 수 있다. 말씀이 그대로 되는 세상이 선한 세상이기 때문이다. 샬롬.

지키는 것과 선악과

경작하고 지키라

하나님은 에덴에 울타리를 두르셨다. 에덴 동산에는 물 근원이 있고 사람이 정착하여 경작하고 지켰다. '경작하다'라는 단어는 일하다, 다스리다, 섬기다, 봉사하다, 종노릇하다 등 상황에 따라 다양하게 번역되는 히브리어 아바드(עבד)이다. 개역개정 성경이 이 단어를 '경작하다'로 번역한 것은 이전 개역 성경에서 '다스리다'로 번역한 것보다 더 현실적인 선택인 듯하다. '다스리다'라는 번역은 창세기 1장에서 하나님의 형상인 사람이 다스리는 역할을 했기 때문에 사람의 역할을 일관성 있게 이해하는 번역이다. 그러나 서구어에서 다스리다(rule 혹은 govern)라고 번역한 경우는 찾아보기 힘들다. 대부분 일하다, 경작하다, 적절하게 하다(work, cultivate, dress)와 같은 단어를 선택한다. 개역개정 성경이 '경작하다'라고 번역한 것은 에덴에 물이 있고, 사람이 있고, 그 땅에 보기에 아름답고 먹기에 좋은 나무가 나게 하셨다는 창세기 2장 9절의 상황과 맞닿아 보인다. '에덴 동산에 농사하여 가꾸어서 먹을 것이 나도록 하는 행위가 있어야 한다'는 의미이다. 열매가 저절로 나는 것이 아니라 인간이 경작하여 먹기에 좋은 열매를 얻는다.

하나님이 만드신 세상을 다스리는 주체는 사람이다. 그것이 하나님의 형상이 가진 특별함이다. 마찬가지로 에덴 동산에서 사람은 먹을 것을 위해 일해야 한다. 먹을 것을 생산하기 위해 하는 일이 경작이다. 경작을 표현하는 영어 단어는(cultivate) 좀 더 넓게 문화 전반, 즉 삶의 전 영역에 대한 역할로 확대될 수 있다. 에덴에서 농사만 짓고 지내지는 않았을 것이다. 사람은 다양한 역할을 수행했을 것이다. 그러나 먹을 것을 만들어 내는 가장 기본적인 행위를 강조하는 번역이 바로 경작이다.

그렇다면 '지킨다'는 어떤 의미인가? 농사해서 거둔 것을 잘 관리, 보관한다는 의미로 볼 수 있다. 영어는 이 단어를 주로 보관하거나 돌본다는 뜻(keep, take care of)으로 번역한다. 이는 에덴 동산의 유지와 직접 연결된다. 에덴 동산을 지킨다는 의미는 무엇일까? '경작하다'가 에덴에서 사람의 삶 전반을 아우르는 의미가 있다면, 마찬가지로 경작 행위로 산출된 결과물을 보존하고 지키는 것을 의미한다. 단순히 농사한 열매만을 보관하고 관리한다는 의미는 아니다. 이 지점은 출발점이다. 그것이 없이 다른 행위들을 생각할 수 없기 때문이다. 에덴 동산을 먹을 수 있는 실과들이 있는 곳으로 소개하는 것은 먹거리에서 모든 인간의 삶이 시작된다는 전제를 담고 있다. 그래서 먹을 것을 잘 보관하고 관리해야 한다. 에덴이 사계절 내내 먹을 것이 풍성한 곳이어서 사람이 열매를 보관하지 않아도 되는 곳이었는지는 잘 모른다. 그렇다고 하더라도 에덴은 잃어버릴 가능성이 있는 땅이었다. 선악과와 관련해서 에덴의 삶이 박탈될 수도 있기 때문이다. 인간이 경작하는 행위를 얼마나 했는지는 모르지만 에덴에는 먹을 것이 충분했을 것이다. 그럼에도 지키는 역할을 하는 인간을 에덴에 두었다. 그 지킴이란 무엇인가?

지키라는 것은 무엇인가?

경작은 일하는 것이고, 지키는 것은 경작한 열매를 보관하는 일이다. 그런데 왜 보관해야 할까? 오늘날은 당연히 보관해야 한다. 겨울에는 아무것도 나지 않기 때문에 농산물을 보관하는 것은 너무도 중요하다. 그래서 냉장 보관 기술이 발전했다. 에덴 동산은 어떠했을까? 우리는 모른다. 타락과 죄가 아직 있지 않았기에 열매가 사시사철 있고 언제든지 먹고 싶으면 손만 벌리면 되었을까? 그렇다면 너무 많아서 문제가 되지 않았을까? 농익은 열매가 땅에 떨어져 오히려 환경을 더럽히지는 않았을까?

물이 있고 사람이 있어서 경작할 수 있는 에덴은 현재의 조건과 다르지 않다. 물이 없어서 초목과 채소가 없었다고 말하기 때문이다(2:5). 그렇다면 동산을 지킨다는 것은 때를 따라 물을 공급하는 일을 포함한다. 그리고 농사를 하면서 관리할 필요가 있다. 이 일들이 모두 경작에 포함된다. 경작한 것을 관리하여 다시 열매가 맺도록 해야 하고 경작한 열매들도 관리해야 한다. 왜 관리하는가? 계속해서 농사를 지어 에덴에 속한 사람들과 짐승들이 먹기 위해서이다.

선악과는 사람이 경작하지 않아도 저절로 때가 되면 열매를 맺을까? 다른 모든 먹을 수 있는 실과는 사람이 없어도 저절로 열매를 맺을까? 그럴 수도 있다. 그러나 전반적으로 물과 사람이 있어야 황폐해지지 않는다. 사람이 물을 대고 관리해야 에덴의 모든 식물이, 특히 과목들이 살 수 있다. 선악과도 마찬가지다.

지킴과 선악과의 관계

앞서 선악과를 다른 사람의 먹거리로 규정했다. 이것은 지킨다는 창세기 2장의 에덴의 질서와 어떤 관련이 있을까? 나머지 모든 것은 자유롭게 먹지만 선악과를 먹지 않아야 하나님 보시기에 좋은 세상이 된다. 선악과를 먹지 않는 것은 다른 사람의 먹거리를 탐욕스럽게 빼앗지 않고 그대로 두는 것이다. 이러한 질서가 하나님 보시기에 좋은 세상이다.

채식은 사람의 먹거리이다. 채식은 폭력과 탐욕의 먹거리가 아니라 서로 함께 나누어 먹는 양식이었다. 선악과를 먹지 않는 것이 하나님 보시기에 좋은 세상이기에, 이것은 창세기 1장의 채식과 비교된다. 그렇다면 사람에게 주신 지키라는 명령은 무엇인가? 결국 다른 모든 것은 먹지만 선악과를 먹지 않는 질서를 유지하는 것이다. 즉 지키는 일은 선악과를 먹지 않고 그대로 두는 것, 다른 사람이 먹을 것을 그대로 두는 것이다.

'지킨다'는 에덴을 벗어나서 여전히 구약과 신약에서도 사용된다. 이 단어는 하나님이 사람을 보존한다는 약속에, 특히 사람이 에덴에서처럼 하나님이 주신 명령과 규례와 율법을 지키는 것에 많이 사용된다. 절기를 지키고, 직분을 지키고, 규례를 지켜야 오래 산다. 약속의 땅에서 복을 받는다.

이 단락(창 2:4-4:26)에서 먼저 타락한 인간을 에덴에서 내보낼 때 에덴 동산 동쪽에 그룹들과 두루 도는 불칼을 두어 생명나무로 가는 길을 지키게 하셨다(창 3:24). 이는 선악과를 먹은 인간이 생명나무도 손을 들어 먹을 것을 우려한 결과이다. 선악과를 먹지 말라는 명령을 지키지 못한 인간은 생명나무 열매를 먹을 자격을 잃어버렸다. 그래서 하나님이 직접 사자들을 통해서 생명나무를 지키신다. 인간이 지켜야 할 것을 지키지 못했기 때문에 생명을 잃어버렸음을 말한다.

두 번째는 가인이 아벨을 죽인 뒤에 등장한다. 하나님은 가인에게 네 아우 아벨이 어디 있느냐고 물으신다. 가인은 "내가 알지 못합니다. 내가 내 아우를 지키는 자입니까?"라고 대답한다. 여기서 "지킨다"가 나온다.

형은 동생을 지키는 자임을 암시한다. 그러나 형인 가인은 아우를 지키지 못하고 오히려 죽였다. 지킨다는 뜻은 다른 이의 생명을 보호하고 유지한다는 의미이다. 4장을 해석하면서 살피겠지만 흥미로운 사실은 지키는 것이 경작한 것을 하나님께 제물로 드린 사건과 연결된다. 가인은 농사를 지었기에 경작한 것을 하나님께 제물로 드린다. 그런데 이 제물은 받아들여지지 않았다. 왜 받아들여지지 않았을까? 혹시 지켜야 할 것을 지키지 않았기 때문이 아닐까? 즉 다른 사람의 몫에 대한 탐욕이 있었다고 보아야 하지 않을까? 선악과를 먹지 말라는 말씀은 에덴에서만 유효한 명령인가? 수많은 질문이 생겨난다. 가인이 아벨을 지키는 자의 역할을 포기하고 동생을 죽여 버린다.

'지킨다'의 의미가 동일한 문맥에서 어떻게 사용되는지를 살펴보았다. 인간이 지키지 못하면 얻지 못하는 것이 있다. 하나님이 사람 대신 지키는 것은 생명(나무)이다. 그리고 가인은 아벨의 생명을 지키지 않았다. 지킴은 생명과 관련된다. 생명은 먹을 것과 직접 연결된다.

에덴에서 사람에게 주어진 과제, 곧 경작하고 지키는 것은 일차적으로 먹거리와 관련된다. 먹을 것을 경작하고 그것을 지켜야 한다. 자신도 모든 것들을 먹되, 대신 선악과는 먹지 않아서 다른 사람의 먹을 것을 지켜내야 한다. 이것이 에덴의 질서이다. 아니, 에덴만이 아니라 회복되어야 할 선한 창조 세계의 원래 질서이다. 선한 세상의 꿈은 그렇게 설정되었다. 함께 먹을 수 있는 세상이 선한 세상이다. 샬롬.

돕는 이와 선악과

무엇을 돕는 이인가?

에덴에는 아직 아담뿐이다. 혼자서는 하나님이 주신 복을 누릴 수 없다. 생육하고 번성하고 충만할 수 없다(창 1:22). 복은 창조에 나타난 하나님의 선한 것을 누리는 것이다. 생육하고 번성하는 것이 복이고 하나님이 보시기에 좋은 상태이다. 혼자 있는 상태는 아직 보시기에 좋은 상태가 아니다. 그래서 하나님은 '사람이 혼자 사는 것이 좋지 않다'라고 평가하신다(창 2:18).

혼자는 외롭기도 하지만, 생육하고 번성하는 하나님의 복을 누리지 못하므로 하나님은 사람에게 돕는 이(배필)를 만들어 주었다. 개역개정은 돕는 배필이라고 번역하는데, 결혼 관계에 있는 남녀를 가리키는 용어이다. 특히 생육과 번성은 성적인 부분과 관계가 있으므로 돕는 배필은 성경이 지지하는 부부의 가치를 표현하는 좋은 번역이다. 그러나 일반적인 사람들의 관계를 규정하기에는 한계가 있다.

돕는 배필이라는 말의 원어인 에제르 케네게도(עזר כנגדו, MT)와 보에톤 카트 아우톤(βοηθὸν κατ᾽ αὐτόν, LXX)은 '그에게 (적합한 혹은 적절한) 돕는 이'로 번역할 수 있다. 이것이 돕는 배필보다 더 일반적인 번역이고 대부분 영어 번역이 이렇게 번역한다. 서구어는 부부 관계에만 적용되는 용어를 거의 사용하지 않고 인간관계 전반에 사용되는 용어로 번역한다. 그래서 '그에게 적절한 도우미(a help fit for him, a helper meet for him, helper suitable for him)'라고 번역한다. 70인역은 그에게 '적절한'으로 번역되는 헬라어 전치사 카타(κατα, against, according to, 대응하여)를 선택한 것이 흥미롭다. 이는 그의 편에 있는 도우미라는 의미를 넘어선다. 히브리어도 단순한 도우미를 말하지 않는다. 헬라어나 히브리어에는 그와 맞서 있는 도우미란 의미가 있다.

이것은 사람이 선악과를 먹어 타락하는 과정에서 상대방이 원하는 대로 같이 먹음으로 역할을 잘하지 못했음을 말한다. 하나님은 결국 여자에게 남자와 정당한 갈등 관계가 필요하다고 분명히 드러내신다(창 3:16). 사람이 죄와 갈등 관계를 맺어야 하는 원리와 같다(창 4:7).

사람은 하나님께서 만드신 세상에서 생육하고 번성하는 복을 누려야 하기에 홀로 있어서는 안 된다. 홀로 있음은 좋은 세상이 아니다. 복을 누리는 삶을 살기 위해 돕는 이가 반드시 필요하다. 하나님은 아담을 위해 복을 누리는 삶, 선을 향유하는 삶을 살기에 적절한 돕는 이를 만드셨다. 그것이 여자다.

아담밖에 없는 에덴에 하나님께서 아담 말고 다른 사람을 만드실 계획을 가지면서 그 다른 사람과의 관계를 규정한 것이 돕는 이이다. 이것은 이후에 성경이 보여 주는 모든 내용에서 나 아닌 다른 사람을 이해하는 방식이 된다. 타인이 누구인가? 내가 부리는 사람인가? 고용한 사람인가? 아니면 나의 목적을 위해 수단으로 사용하는 사람인가? 성경은 아담이 아닌 다른 첫 사람을 돕는 이라고 부른다. 인간의 상호 관계가 서로 돕는 관계가 되어야 함을 말한다. 기본적으로 부부가 서로 도와야 아이를 낳을 수 있다는 의미가 되지만, 돕는다는 말은 이 의미를 뛰어넘어 인간관계 일반을 규정한다.

사람은 서로 도와야 한다. 이용하려고 하지 말라. 서로 도우려고 해라. 하나님의 선한 세상을 위한 도움이 되는 사람이 되려고 해라. 서로 경쟁할 상대로만 보지 말고, 도움이 되는 상대가 돼라. 서로가 서로에게 도움이 될 때 비로소 자신에게 유익이 된다. 그것이 하나님이 만드신 창조 세계에 평화가 임하는 것이고, 결과적으로 선한 세상이 된다. 성경은 하나님을 사랑하고 마찬가지로 이웃을 네 몸과 같이 사랑하라고 가르친다. 이것이 율법과 선지자의 근간이다. 이웃을 자신과 같이 사랑하는 일은 바로 우리 자신 각자가 이웃의 도우미가 되어야 함을 말한다. 이런 도우미가 되는 삶을 살기 위해서, 하나님 사랑과 섬김이 도움을 준다. 하나님의 큰 은혜를 통해 우리는 이웃의 참된 도우미가 될 수 있다.

돕는 삶과 선악과

선악과를 먹지 않는 것이 좋은 것이다. 마찬가지로 돕는 이가 있는 삶이 좋다. 다르게 말하면 돕는 이와 선악과는 연결점이 있다. 에덴에서 선악과를 먹지 않는 소극적 행위만으로 선한 의미가 다 드러날 수 없다. 선악과를 먹지 않는 것은 타인에게 주어질 먹거리를 지키는 것이라고 보았다. 경작한 것 중에는 타인의 것이 있기에 이것을 지켜 내는 삶이 선한 삶이다. 이것을 타인과의 관계의 용어로 말하면 돕는 삶이 된다.

선악과를 먹지 않고 지켜 내는 것이 에덴의 질서이고 하나님의 명령이며 율법이다. 그렇다면 여러 사람이 함께 사는 사회에서 선악과를 먹지 않는 삶은 무엇인가? 이웃의 먹거리를 지켜 내는 삶이다. 바로 돕는 이로 사는 삶이다. 돕는 이는 결코 이웃을 속이며 등치고 배반하고 유혹하지 않는다. 선한 사회가 유지되도록 지켜야 할 질서는 선악과를 먹지 않는 것, 곧 적극적으로 다른 사람의 도우미로 사는 것이다.

이제 돕는 이(배필)가 무엇인지 본문을 통해 더 살펴보자. 창세기 2장

18-20절은 구조적이다. 18절은 돕는 이의 필요를 제기한다. 돕는 이를 만들겠다는 하나님의 결심이 나온다. 19-20a절에서 하나님이 흙으로 각종 들짐승을 만드시고 사람에게 이끌어 이름을 주도록 했다. 20b절은 다시 돕는 이(배필)가 없다는 말을 반복한다. 21-22절에 돕는 이(배필)로 여자를 만드신다. 다음과 같은 구조이다.

> A 돕는 이를 만들자(18절)
>
>   X 짐승을 만들고 사람이 이름을 준다(19-20a절)
>
> A' 돕는 이가 없으므로(20b절) 21-22절에 돕는 이를 실제로 만든다

이 대칭 구조에서 돕는 이(배필)를 만들자는 제안과 실천이 처음과 끝에 나온다. 그 가운데 짐승을 만들고 사람이 이름을 준다. 이 구조는 돕는 이가 어떤 일을 하는지 보여 준다. 돕는 이가 할 일은 무엇인가? 짐승들의 이름을 짓는 일, 대상을 파악하고 잘 다스리는 일이다.

이름을 지으려면 그 이름을 불러야 할 대상에 대한 이해가 전제된다. 학문적인 글인 논문은 현상을 살피면서 그 현상이 무엇인지 정의를 내리고 나아가서 최종적으로 그런 현상에 대한 이름을 지어 주는 작업이기도 하다. 이름을 준다는 것은 그 현상에 대한 파악과 이해를 끝냈다는 말이다. 그 현상을 이해하면서, 그 현상을 다루는 방향성을 가늠한다. 짐승의 이름을 붙이는 일도 마찬가지다. 수많은 동물과 식물을 분류하고 이름을 붙이는 작업은 학문 과정이다. 그것은 인류가 문화와 문명을 발전시킨 원

동력이다. 이름을 주는 일은 다스리는 행위와 다르지 않다.

이름을 붙임으로 대상을 파악하고 관리하고 지킬 수 있다. 이것은 혼자서 할 수 없다. 그래서 돕는 이가 필요하다. 세상의 삶을 혼자서 다 처리할 수 없다. 우리는 서로를 필요로 한다. 모든 사람이 농사를 지을 수 없고, 모든 사람이 장사할 수 없다. 사람들은 서로에게 돕는 이가 되어 서로의 삶을 풍요롭게 할 수 있다.

하나님은 창조하신 세상을 다스리고 생육하며 번성하도록 돕는 이를 두셨다. 솔로몬은 초목과 짐승과 새와 기어다니는 것과 물고기에 대하여 말하였고 이것으로 그의 지혜와 지식의 소문이 천하의 왕들에게 퍼졌다(왕상 4:33-34). 다스림은 아는 것, 즉 지혜와 지식을 전제한다. 솔로몬은 이런 지혜로 통치하면서 백성들이 각기 자기의 무화과나무와 포도나무 아래서 평화를 누리며 살게 했다(왕상 4:24-25). 돕는 이의 역할은 이름을 짓는 일, 즉 다스리는 일을 위한 것이다. 다스리는 일은 하나님의 형상다운 삶을 사는 것이다. 하나님은 사람이 사람답게 사는 일을 위해 돕는 이를 만드셨다.

왜 돕는 이를 갈빗대로 만드시는가?

사람의 관계가 돕는 관계임을 살폈다. 한 사람이 다른 사람을 지배하고 억압하고 짓밟아서는 안 된다. 서로 돕는 이가 되어야 다스리는 역할을 하고, 선한 세상을 만들 수 있기 때문이다. 창세기가 기록될 당시의 세상은 제국적 지배와 억압이 만연했다. 창조 기사는 폭력적인 시대를 살면서 하나님이 세상을 처음 창조하셨을 때, 사람과 사람의 관계가 어떠했는지 반영한다.

하나님은 여자를 만드실 때 아담처럼 흙으로 생기를 불어넣어 생명체로 만드실 수 있었다. 그러나 아담의 갈비뼈를 취해서 돕는 이를 만드셨다. 그러므로 여자는 남자의 분신과 같다. 왜 갈비뼈인가를 많이 질문하지만, 아담 자신에게서 생겨난 존재가 여자라는 사실만으로 충분하다.

나 아닌 다른 첫 사람은 나 자신과 같다. 여자를 만든 창조의 방식은 이 사실을 전한다. 그렇기 때문에 억압해서도, 학대해서도, 짓밟아서도 안 된다. 서로 도우며 다스리는 삶, 서로를 지켜 주는 삶을 살아서 선한 세상을 이루도록 해야 한다. 우리는 나 아닌 다른 사람이 그냥 사람이 아니라 돕는 이라는 사실을 확인했다. 우리는 서로에게 어떻게 도움이 되는 사람으로 살아야 할 것인가를 평생에 마음에 담고 살아야 한다. 서로를 지켜 주면서 선한 세상을 위한 동역자로 알고 함께 달려가야 한다. 샬롬.

부끄러움

그에게 적절한 도우미

서로 돕는 도우미를 주셨다는 말은 상대방이 원하는 것을 마음대로 하도록 돕는 도우미가 되라는 뜻이 아니다. 하나님의 명령을 지키는 일에 도움이 되어야 한다. 아담과 하와는 선악과 명령 앞에서 서로 돕는 관계가 유지되었는가? 그렇지 않다. 서로 파괴적인 방식으로 도왔고, 그 결과 서로에게 책임을 전가했다. 하와는 아담과 의논하지 않고 욕심에 이끌려 선악과를 따 먹었고, 그것을 아담도 먹게 했다. 먹을 것을 주었다는 측면에서는 돕는 역할을 한 것이지만 적절한 도우미의 역할을 하지 못했다. 아담도 하와가 따 먹은 것을 함께 먹음으로 하와의 일을 도운 것처럼 보이지만 실제로 하와에게 유익한 도우미가 되지 못했다. 아담은 하나님이 주신 여자가 자신에게 선악과를 주어 먹게 했다고 비난했다. 먹고 싶은 욕심이 있어도 남의 먹거리는 지켜야 한다. 그것이 하나님의 입에서 나오는 말씀이고 명령이기 때문이다. 하나님의 명령을 지키지 않을 때 책망하고 그 명령을 지키는 일에 돕는 것이 서로의 역할이다. 뱀은 서로의 역할, 지키는 역할, 바르게 돕는 역할을 무너뜨렸다.

3장에서 보겠지만 하나님은 남녀 관계가 서로 갈등 관계가 되어야 한다고 저주하신다(창 3:16). 여자에게 준 저주의 내용은 두 가지이다. 첫째, 고통이 커졌고, 둘째, 남편과 갈등을 겪는다. 해산의 고통이 크다고 해서 무조건 나쁜 것만은 아니다. 저주는 그 저주를 겸비하게 받아들이고 돌이키면 복이 된다. 그것이 언약적이다. 해산의 고통을 감내하면서 아이를 가지면 미래의 소망이 있다. 마찬가지로 여자는 남편을 갈망하지만 남편은 그를 다스린다. 이것은 서로가 서로를 이기려는 갈등의 표현이다. 이는 가인에게 하나님이 죄와 갈등하는 관계를 규정한 본문의 구조와 어휘가 같다. "죄가 너를 갈망하지만 너는 죄를 다스려야 한다(창 4:7)" 가인에게 죄와 갈등이 있어야 정상임을 알린 말씀이다. 똑같은 어휘와 구조가 아담과 하와에게 주어졌다. 남편과 아내는 무조건 돕는 관계가 아니라 필요한 경우에 갈등의 관계가 유지되어야 한다.

성경은 갈등과 다툼을 좋게 보지 않는다. 그러나 갈등과 다툼이 있어야 옳은 경우가 있다고 말한다. 바울은 성찬과 관련해서 고린도 교회가 갈등이 있어야 옳다고 말한다(고전 11:19). 가난한 성도들이 모임에 늦게

오느라 음식도 가지고 오지 못했는데 먼저 온 성도들이 성찬을 먹고 있다면 성찬식은 단지 식사에 불과하다. 바울은 이런 상황에서 먼저 온 성도들이 음식을 먹지 않고 기다림이 마땅하다고 가르친다. 성찬의 바른 의미를 이해하지 못하고 식사로만 먹고 마시면 죄를 먹고 마시는 행위이다. 이러한 행위에 하나님의 저주가 임했던 경우로 경고한다. 배가 고파서 밥이 필요하면 집에서 먹고 다른 형제들을 기다려서 같이 교제의 떡을 나누어야 한다. 먹을 것에는 하나님의 뜻이 담겨 있기 때문이다. 바울은 이 성찬의 의미를 바르게 이루기 위해서는 고린도 교회가 이 문제로 갈등할 필요가 있다고 말한다.

남자와 여자가 적절한 도우미의 관계가 된다는 것은 친밀하지만 서로 갈등 관계를 유지하면서 율법을 지키는 일에 성실한 도우미가 되어야 한다는 뜻이다.

아간의 집과 아나니아와 삽비라

부부가 서로 적절한 도우미가 되지 못한 두 가지의 예가 있다. 무너지는 여리고 성과 함께 무너진 아간과 그의 집이 한 예이다. 또 다른 예는 아나니아와 삽비라가 함께 베드로 앞에서 죽은 경우이다. 둘 다 새로운 시대의 문턱에서 서로 적절한 도우미가 되지 못하고 무조건 편을 들다가 망한 경우이다. 하나님의 명령을 지키는 일에 실패한 도움의 관계이다.

아간의 경우를 보자. 여리고 성이 무너졌다. 6일 동안 한 바퀴씩 성을 돌고 제7일에 일곱 바퀴를 돌자 견고한 여리고 성이 무너졌다. 여리고는 가나안의 첫 성읍이다. 진멸해야 할, 사라져야 할 성읍이다. 6일 동안과 일곱째 날의 구조는 창조의 한 주간과 동일하다. 그러므로 여리고 성을 무너뜨린 사건은 창조의 사건과 연결된다. 혼돈과 어둠을 몰아내고 빛과 새로운 질서가 임한 사건이다.

무너지는 성과 함께 무너져야 했던 라합과 그의 집은 무너지지 않고 생존했다. 반면에 무너지는 성에서 새로운 세상을 만들어야 하는 책임을 진 유다 지파에 속한 아간과 그의 집은 오히려 여리고와 함께 무너졌다. 왜 무너졌는가? 그는 성실하게 경작했다. 성을 무너뜨리기 위해 일했다. 무너진 성읍에서 하나님의 것을 모았다. 그러나 지키는 일에 실패했다. 여리고는 가나안의 첫 성이다. 첫 열매는 하나님께 드리듯이, 첫 성 여리고의 모든 전리품은 하나님의 것으로 돌려야 했다. 그런데 아간은 시날 산의 아름다운 외투 한 벌과 금과 은덩이에 욕심을 부리고 자신의 장막 땅속에 감추었다. "너희는 그 바친 물건에 손대지 말라. ... 그것을 여호와의 곳간에 들일지니라(수 6:18-19)"라는 명령을 지키지 않았다. 아간이 훔친 물건들을 텐트로 가지고 와서 땅을 파는 동안 집안 식구들이 저항하지 않았다. 갈등하지 않았다. 그 결과 함께 망했다. 여기에서 아골(괴로움)골짜기가 생겨났다. 적절한 도우미가 되지 못함으로 새로운 시대 즉 가나안 땅에서 새로운 창조의 세계를 맛보지 못하고 옛 세상에 속한 자들과 함께 죽었다.

두 번째는 아나니아와 삽비라이다. 오순절에 예루살렘에 성령이 오셔서 예루살렘 교회가 시작되었다. 성령님의 역사로 교회는 한마음이 되었고 한뜻을 이루었다. 그 결과 각 사람의 필요를 위해 자기 소유물을 드렸고, 심지어는 땅과 집을 팔아 내놓기도 했다. 바나바와 같은 사람이 그 대표적인 경우이다. 아나니아와 삽비라 부부도 그 대열에 참여하고 싶었다. 그래서 집을 판 값을 가지고 베드로에게 나아갔다. 실제로는 돈의 절반을 감추고 전부라고 하면서, 성령과 하나님을 속였다. 결국 두 사람은 속이는 일에 협력하며 돕는 관계를 유지하고 말을 맞추었지만 함께 망하고 말았다.

오순절의 예루살렘 교회는 새로운 역사의 출발점이다. 바벨 이후로 갈라진 세상을 예수 그리스도의 복음으로 다시 하나로 묶는 새로운 창조의 시대를 제대로 맛보지 못하고 아나니아와 삽비라 부부는 죽었다. 지켜야 할 것을 지키지 못하고 제대로 있어야 하는 갈등을 하지 못한 부부의 비참한 결말이다.

적절한 도우미로 관계를 맺고 살 때 갈등이 빚어지기도 한다. 갈등을 두려워해서는 안 된다. 때로 집안 사람이 원수이기도 하다(마 10:36). 갈등으로 하나님의 명령을 지켜야 할 것을 지켜낼 수 있다. 그러나 하나님의 명령을 지키고 이웃을 사랑하는 것과 관계가 없이 고집과 아집, 편견으로 일어나는 갈등과 다툼을 정당화할 수는 없다. 적절한 갈등 속에 적절한 도움이 싹트고 나아가 지키는 삶, 돕는 삶을 살 수 있다.

부끄러움은 무엇인가?

아담과 하와는 벌거벗었지만 부끄러워하지 않았다. 선악과를 먹고 나서 서로 부끄러움을 느꼈다. 무화과 잎으로 치마를 만들어 가렸고 하나님이 두려워 숨었다. 하나님은 그들에게 가죽옷을 지어 입히셨다. 부끄러움을 인정하신 것이다. 부끄러움의 의미는 무엇인가? 따 먹지 않아야할 것을 먹은 결과이다. 하나님이 아담에게 하신 말씀이 이것을 분명하게 한다. 아담이 동산에서 하나님의 소리를 듣고, 벗었기에 두려워 숨었다고 말한다(창 3:10). 부끄러운 것을 하나님 앞에서는 두렵다고 표현했다. "누가 너희 벗었음을 네게 일렀느냐? 내가 네게 먹지 말라 명한 그 나무 열매를 네가 먹었느냐?" 벌거벗음을 안 것은 먹지 말라고 명령한 것을 먹었기 때문이라고 콕 집어서 지적하셨다. 부끄러움, 두려움은 명령을 지키지 못한 결과이다.

부끄러움을 성적 수치심으로 이해하는 경우가 있다. 아담과 하와는 벌거벗음을 깨닫고 성적인 수치심을 가졌을까? 그렇지 않다. 부끄러움의 실체는 죄의식이다. 죄가 만들어낸 산물이다. 두 사람이 벌거벗었지만 부끄러움이 없었다. 부모를 떠나 한 몸이 되어 부끄러움이 없이 서로 적절한 도우미로 살았다. 갑자기 왜 부끄러운 현실이 되었는가? 치마나 옷을 지어 입은 것은 부끄러움을 가리기 위함이다. 사람 사이의 관계가 부끄러움이 되어버렸고, 하나님 앞에서 두려움이 되어버렸다. 왜일까? 죄 때문이다. 명령을 순종하지 않았기 때문이다.

부끄러움이 없었다는 것은 서로에게 적절한 도우미로 살아가는 것, 즉 경작하는 일과 지키는 일을 잘하고 있었다는 것이다. 그러나 이 관계가 깨지면서 서로가 서로에게 부끄럽고 부담이 되었다. 부끄러움은 서로에게 책임을 전가한다. 서로 짐을 지는 관계가 아니다. 도우미의 관계가 아니고 멀리하는 대상이 된다. 나아가 가인과 아벨의 경우 미움의 대상이자 살인의 대상으로 발전한다. 그리고 아벨의 피는 보복을 하나님께 호소한다. 불행한 관계가 부끄러운 관계이다.

하나님이 우리에게 주신 것은 두려워하는 마음이 아니다(딤후 1:7). 부끄러운 관계는 서로에게 대한 부담과 책임을 거절한다. 예수님도 너희가 나를 부끄러워하면 나도 너희를 부끄러워할 것(막 8:38)이라고 말씀하셨다. 부끄러움이 없는 관계는 서로 돕는 관계가 적절하게 유지될 때 가능하다. 부부 관계에는 서로에게 거리낌이 없는 관계성이 반영되어 있다. 바른 관계, 적절한 도우미로 살아가는 관계가 만든 모습이다. 창조의 이상적 모습의 변화를 부정적인 단어인 "부끄러움"으로 표현했다. 부끄러움이 없는 세상이 좋은 세상이라고 본 것이다. 그 증거는 부모를 떠나라는 명령이다. 이 명령은 부모가 없는 시대에 하나님이 하신 명령이다. 이제 부모가 있는 시대가 되면 부모를 떠나 부부가 서로 적절한 도우미로 살면서 지킬 것을 지키는 가정이 되도록 요청한다.

부끄러움이 없는 관계는 서로의 삶에 필요한 것, 먹을 것을 적절히 공급하는 관계이다. 어떤 사람은 호화롭게 매일 잔치하고, 어떤 사람은 그

집의 잔칫상에서 떨어지는 음식을 먹으려고 개와 경쟁한다면, 그 현실은 그들의 관계가 부끄러운 관계임을 보여 준다. 바울은 고린도 교회가 예루살렘 교회에 보내는 구제 헌금을 격려하고 헌금을 미리 잘 준비하도록 한다. 가난하고 핍박을 받는 중에도 풍성한 연보를 한 마게도냐 교회 성도들이 고린도 교회를 방문했을 때, 고린도 교회가 준비되어 있지 않으면, 바울은 고린도 교인들이 부끄러움을 당할 뿐만 아니라 우리가 믿는 것이 부끄러움을 당할까 두려워한다(고후 9:4). 고린도 교회가 아무것도 준비하지 않으면 그것은 부끄러운 일이 될 것이다. 부끄러움은 이렇게 다른 사람, 즉 예루살렘 교회가 가난하고 어려움에 처했을 때, 그 필요를 응답하지 않는 삶을 말한다. 샬롬.

돕는 이와 갈등

돕는 관계에 담긴 갈등의 정당성

아담과 하와 그리고 아간의 가족, 아나니아와 삽비라의 경우 모두 한마음으로 협력하였기 때문에 언약적 저주를 받았다. 서로 적절한 도움의 관계가 되려면 하나님의 명령을 지켜야 한다. 하나님의 명령을 지키지 못한다면 하나 됨은 선하지 못하며, 선한 세상의 방식으로서 하나 됨이 파괴된다. 예수님은 이렇게 말씀하신다.

> 무릇 내게 오는 자가 자기 부모와 처자와 형제와 자매와
> 더욱이 자기 목숨까지 미워하지 아니하면 능히 내 제자가 되지 못하고(눅 14:26)

이 본문을 이해하기 위해 마가복음 10장 29-30절을 살펴보자. 부자가 하나님 나라에 들어가기가 낙타가 바늘귀로 들어가는 것보다 어렵다는 예수님의 말씀으로 제자들이 매우 놀란다. 제자들은 부자가 하나님 나라에 들어갈 수 없다면 과연 누가 구원을 얻을 수 있는지 질문한다. 이 질문에 예수님은 오직 하나님만 구원을 주실 수 있다고 대답하신다. 예수님의 대답에 대해, 베드로는 모든 것을 버리고 주를 따랐다고 주장한다. 예수님은 나와 복음을 위하여 집이나 형제나 자매나 어머니나 아버지나 자식이나 전토를 버린 자는 현세에 있어 집과 형제와 자매와 어머니와 자식과 전토를 백 배나 받되 박해를 겸하여 받고 내세에 영생을 받지 못할 자가 없다고 선언하신다.

집과 형제와 자매와 어머니와 자식과 전토는 개별화된 대상이 아니고 삶을 설명하고 뒷받침하는 전체이다. 집과 땅, 그리고 가족 관계는 삶을 지탱해 주는 물질적이고 관계적인 토대이다. 그런데 주와 복음을 위해 이것들을 의지하지 않고 버릴 때, 백 배나 나은 토대를 허락하신다. 새로운 관계, 새로운 삶의 양식들을 주신다. 사람들은 집이나 땅이 백 배가 되는 것은 좋아한다. 그러나 어머니는 집이나 땅과 같이 백 배가 될 수가 없다. 이런 관계성은 집이나 땅처럼 양적인 측면으로 이해할 수 없다. 집이나 땅과 같은 토대와 관계성이라는 토대를 같이 생각해보면, 양적인 증가라고만 해석해서는 안 된다. 그리고 관계성은 집이나 땅과 같이 개별적으로 해석할 수 없다. 특별히 하나님 나라에서는 새로운 관계와 삶의 토대가 주어진다. 이 사실은 우리가 하나님의 나라와 의를 구하는 것이 이러한 삶의 토대에서 이루어진다는 것을 보여 준다. 이 토대에서 하나님의 나라와 의를 구하는 삶이 필요하다.

하나님은 아브라함에게 본토 친척 아비 집을 떠나라고 한다. 아브라함은 땅과 사람 그리고 아버지의 이름이 지배하는 질서를 떠나 새로운 땅, 새로운 가족들, 새로운 이름 아래 있는 새로운 질서를 약속받았다. 이 세 가지가 구약의 구속사를 진행하는 주요 흐름이 된다. 창세기는 번성, 출애굽기에서 사사기까지 땅의 소유, 그리고 사사기부터 사무엘하까지 이름의 창대함(삼하 7:9), 즉 다윗 왕조의 형성으로 국가 권력의 안정이 이루어지며 이것은 아브라함에게 하신 약속의 성취이다. 하나님의 부르심과 약속을 위해 버려야 할 것들에는 친족이 있었다. 그런데 아브라함은 그 친족을 버리지 않고 함께 약속의 땅으로 떠났다. 아내 사라와 롯이다. 아내와 롯은 친족을 버려야 하지만 약속을 따라 함께 떠날 때 새로운 토대에서 시작할 수 있다. 예수님이 말씀하신 새로운 토대로 변화된 것을 보여 준다.

누가복음 14장 26절을 다시 살펴 보자. 주님께 오는 자는 부모와 처자와 형제자매와 자기 목숨까지 미워해야 한다. 이것은 새로운 피조물로 거듭남을 말한다. 자연적 관계에서 주어진 질서와 관계는 자동으로 구원의 상속 관계로 바뀌지 않는다. 하나님 나라에 참여하기 위해서 결단해야 한다. 여기서 갈라짐과 미움이란 단어가 등장한다.

마가복음 3장 31-35절에서 예수님의 어머니와 동생들이 예수님을 찾는다. 이때 예수님은 누가 내 어머니이며 동생들이냐고 물으시며 둘러앉은 자들을 보시며 "보라 내 어머니와 내 동생들을 보라. 누구든지 하나님의 뜻대로 행하는 자가 내 형제요 자매요 어머니이니라."라고 말씀하신다. 예수님은 자신의 가족이나 혈육이라도 하나님의 나라를 거저 얻을 수 없음을 강조하셨다.

갈릴리 가나의 첫 표적

예수님의 첫 표적은 이런 특징들을 가장 크게 드러낸다. 예수님과 어머니 마리아는 결혼식 잔치 자리에 초대받았다. 잔치에 포도주가 떨어졌다. 비상 상황이다. 손님들을 초대해 놓고 포도주가 떨어졌으니 잔치가 계속될 수 없다. 이런 도중에 예수님의 어머니가 예수님께 포도주가 없다고 말한다. 그런데 예수님은 어머니에게 이상하게 답하신다.

여자여! 나와 무슨 상관이 있나이까? 내 때가 아직 이르지 아니하였나이다(요 2:4)

세 마디의 말씀이다. 여기에 많은 질문이 생긴다. 왜 어머니를 여자라고 불렀는가? 여자는 높이는 말인가? 낮추는 말인가? 나와 상관이 있는 것이 잔치의 포도주가 떨어진 것인가, 아니면 포도주가 떨어졌다고 말한 어머니와의 관계인가? 나아가 예수님의 때는 무엇인가? 왜 십자가와 부활의 때를 말씀하시는가?

여자라는 단어는 문법적으로 호격이다. 이 호격은 높임말도 낮춤말도 아니다. 어머니와 자신의 관계를 새로운 관점에서 객관화시킨다. 잔치에 포도주가 떨어진 현실에 개입하기를 요청하는 마리아의 요청은 혈육의 아들에게는 아무런 의미가 없다. '나와 무슨 상관이 있나이까'는 마리아와의 관계를 묻는 말이다. 예수님은 어머니를 '여자여!'라고 객관화하면서 자신이 아들인지 아니면 무엇인지 물으신다. 그리고 자기의 때를 말씀하신다. 그분의 때를 주관하는 것은 어머니가 아니고 하늘에 계신 아버지임을 선언하신다. 요한복음에서 때를 결정하시는 분은 하나님이시다. 예수님은 다음과 같이 말씀하신 것이다. "내가 하나님의 아들이라면 몰라도, 어머니의 아들인 예수로서는 포도주가 떨어진 현실에 어떤 것도 개입할 여지가 없습니다."

예수님의 말씀에 마리아는 하인들에게 예수님이 무슨 말씀을 하시든지 그대로 하라고 말한다. 이 말은 마리아가 이미 자신의 육신의 아들에게 포도주가 떨어졌음을 말하지 않았음을 보여 준다. 당신이 하나님의 아들이기에 이 상황을 알렸고, 이 상황을 구원해 달라고 요청한 것이다. 마리아는 예수님의 세 마디의 말을 충분하게 알아들었다. 문제를 해결하기 위해 종들에게 하나님의 아들이 무슨 말씀을 하든지 그 말씀대로 해서 상황을 해결하라고 요청한다. 현장에는 유대교의 정결 항아리가 여섯 개나 있었지만 무력했다. 이런 무력한 유대교의 현실을 뒤로하고 예수님은 말씀으로 현실의 결핍과 부족을 해소한다.

예수님이 어머니 마리아에게 한 말을 듣는 순간 인간적으로 긴장과 이해되지 못한 갈등이 일어난다. 도대체 예수님은 자기 뭐라고 하신 것인가? 그러나 하나님의 나라는 혈과 육으로 받을 수 없는 나라이고 그 생명을 누리는 일도 마찬가지이다. 하나님의 약속과 명령 그리고 지켜야 할 것을 근거로 할 때 어머니와 아들의 관계가 제대로 작동할 수 있다.

서로 돕는 관계는 창조된 인간들 모두에게 필요하다. 단지 부부에게만 필요한 관계는 아니다. 이웃을 네 몸과 같이 사랑하라는 계명은 모든 인간관계에 도움을 요청한다. 서로의 먹을 것을 챙겨 주는 삶은 선악과를 따 먹지 않는 삶이고, 선한 삶의 본질이다. 서로 돕는 관계는 갈등을 두려워하지 말아야 한다. 하나가 되라는 말의 뒷면에는 갈등할 것을 말한다. 정말 갈등해야 할 것에는 사이가 좋고, 정말 하나가 되어야 할 것에는 갈등한다면 거짓 관계이다. 서로 지키는 삶을 위한 바른 갈등을 극복하면서 선한 세상을 위해 나 아닌 다른 사람의 삶을 위해 존재하는 삶을 사는 것이 바로 복음을 위한 삶이고 서로 돕는 관계이다. 샬롬.

돕는 배필과 이혼

부모를 떠나

> 이러므로 남자가 부모를 떠나 그의 아내와 합하여
>
> 둘이 한 몸을 이룰지로다(창 2:24)

사람이 홀로 있는 것이 좋지 못하다는 하나님의 평가에 따라(창 2:18 이하) 그에게 적절한 도우미(돕는 배필)가 만들어졌다. 다스리는 일, 곧 이름 짓는 일을 돕기 위해서이다. 경작하고 지키는 일, 선악과를 먹지 않는 일도 있다. 적절한 도우미가 부부의 관계로 정착되고 있다(창 2:22-23). 창세기 2장 24-25절은 창세기 저자의 전지적 관점의 해설이다. 저자는 창세기가 기록된 시점의 시각으로 결혼 관계를 조명한다. 그래서 부모가 등장하고, 벌거벗었지만 부끄러워하지 않았다는 부정적인 표현으로 결혼의 상태를 묘사한다. 이미 타락한 시점에서 느끼는 부끄러움과 두려움을 모두 반영한다.

부모를 떠나 아내와 합한다. 한 몸이 된다. 이 진술은 결혼하는 순간 부모에게 돌아갈 수 없음을 전제한다. 이 말씀에 대해 유대인 랍비들은 결혼에 대해 흥미로운 해석을 한다. "남자가 그의 부모를 떠나"라는 구절로 어떤 남자도 어머니와 결혼하지 못하고, 근친상간에 해당하는 혈족 결혼을 금한다고 해석한다. 또한 "그의 아내와 합하여"라는 구절로 이웃의 아내나 동성, 그리고 동물과 교접하는 행위를 허용하지 않는다고 해석한다. 나아가 둘이 한 몸을 이룬다는 구절로 변태적인 성행위나 체위를 금하는 해석을 했다. 페이걸스(E. Paygirls)가 『아담, 이브, 뱀』 47쪽에서 언급했는데 흥미롭다. 개연성도 있어 보인다.

랍비들보다 이전에 살았던 예수님은 창세기 2장 24절에 대해 어떤 관심을 보이셨을까? 예수님은 율법을 온전하게 하시기 때문에(마 5:17), 그 해석을 살펴볼 필요가 있다. 마태복음 19장 5절에서 예수님은 창세기 2장 24절을 온전히 인용하였다. 문맥은 이혼에 대한 바리새인들의 시험이다. 바리새인들은 어떤 이유라면 아내를 버릴 수 있는지 질문하면서 예수님을 시험한다. 당시에는 두 가지 흐름의 해석 전통이 있었다. 샴마이 학파는 마태가 제시하는 것과 같이 음행한 연고 외에는 이혼이 불가하다는 엄격한 입장이다. 힐렐 학파는 이보다는 폭넓게 해석한다. 여자가 빵을 굽다가 태우면 이혼이 가능하고, 심지어는 아내보다 더 젊은 여자가 예쁘게 보이기만 해도 이혼이 가능하다.

예수님은 이혼을 어떻게 이해하셨을까? 마태복음 19장 5절에서 창세기 2장 24절 전부를 인용한 다음, 6절에서 다음과 같이 말씀하신다. "그런즉 이제 둘이 아니요 한 몸이니 그러므로 하나님이 짝지어 주신 것을 사람이 나누지 못할지니라" 둘이 한 몸을 이룬 것은 하나님이 짝지어 주신 것이고, 이것을 사람이 나누지 못한다고 선언하신다. 예수님은 창세기 2장 24절을 이혼이 불가한 근거로 확정하신다.

이 말씀에 바리새인들이 가만히 있지 않는다. 모세가 이혼 증서를 주어서 이혼하라고 명령한 신명기 24장 1-4절 말씀을 들고 나온다. 수치스러운 일이 있으면 이혼 증서를 써서 그의 손에 주고 집에서 내보내라고 했다. 두 번째 남편의 경우를 말하면서 수치 되는 일은 반복될 수 있음을 제시한다. 수치 되는 일의 범주는 다양하다. 국이나 수프 혹은 빵을 태우거나 젊은 여자가 더 예뻐 보이는 상황에서부터 음행의 연고까지 다채롭게 해석했다. 예수님은 어떻게 답변하실까? 사람이 결혼을 나눌 수 없다는 입장을 고수할 수 있을까?

예수님은 모세가 사람의 완악함 때문에 이혼을 허락했다고 해석하신다. 본래는 그렇지 않다고 덧붙이신다(마 19:8). 사람의 마음이 굳고 딱딱해서 아내를 버리는 것이 허락되었다. 처음부터 그런 것이 아니다. 신명기가 기록되는 시점에 사람들은 마음이 굳어 하나님의 말씀을 순종하지 않는 상태였고 여자를 쉽게 버렸다. 이런 굳은 마음이 너무 쉽게 일어나지 않기 위해서 이혼 증서를 쓰는 과정, 즉 법적인 허락 과정을 만들었다. 이혼을 조금이라도 제어하면서 합법적인 이혼을 할 수 있도록 했다. 예수님은 이혼이 원래부터 허락된 것은 아님을 강조하신다. 하나님이 그 생명을 데리고 가시는, 죽음이 아니면 갈라설 수 없는 것이 원래의 결혼이다.

신명기 24장의 이혼 허락은 겉으로는 타락한 마음들이 굳어 버린 현실을 인정하면서도 무질서를 방지하기 위한 최소한의 규정으로 이해된다. 그런데 율법을 완성하러 오신 하나님 나라의 주이신 예수님은 이 신명기 이혼법의 원래의 취지를 밝히신다. 신명기 법의 이혼 허락도 원래 취지는 허락이 아니라는 주장이다. 신명기 법은 이혼 법정에서 증서를 만드는 과정을 통해서 당시의 무분별한 이혼을 억제하려는 의도이다. 이런 억제를 통해서 이혼을 하지 않아야 한다는 하나님의 법을 기억하도록 했다. 증서를 받았기 때문에 이혼이 정당하다고 생각하는 것은 어불성설이다. 증서를 통해서 이혼하지 않아야 한다는 하나님의 말씀을 기억해야 한다.

이혼과 오른손

이런 관점을 강화하는 말씀이 있다. 마태복음의 산상수훈이다.

또한 만일 네 오른손이 너를 실족하게 하면 찍어 내버리라. …

누구든지 아내를 버리려거든 이혼 증서를 줄 것이라 하였으나

나는 너희에게 이르노니 음행한 이유 없이 아내를 버리면

이는 그로 간음하게 함이요…(마 5:30-32a)

신명기 24장의 이혼 증서의 당위성에 대해 예수님이 반박하는 말씀이다. 마태복음 5장 27-32절은 간음하지 말라는 제7계명에 대해 율법의 완성이 무엇인지를 제시한다. 음욕을 품고 여자를 보는 자는 이미 간음했다(28절). 오른 눈이 너로 실족하게 하면 빼어 내버리라(29절). 이어서 오른손이 실족하면 찍어 내버리라고 한다. 구조적으로 표현하면 다음과 같다.

A 간음하지 말라(27)

  B 여자를 본다 음욕을 품고(28)

    B' 네 오른 눈이 너로 실족하게 하거든(29)

    C' 네 오른손이 너로 실족하게 하거든(30)

  C 이혼 증서를 줄 것이라(31)

A' 음행한 이유 없이 아내를 버리면 간음이다(32)

오른 눈은 보는 것이기 때문에 음욕을 품고 보는 것과 연결된다(B B'). 마찬가지로 오른손은 쓰는 것과 연결되기 때문에 이혼 증서를 쓰는 것과 연결된다(C C'). 이혼 증서를 쓰고 싶은 유혹이 들 때 오른손을 찍어 내버려야 한다. 이것이 간음하지 말라는 제7계명의 완성이다(A A'). 예수님

은 이 완성의 의미를 다시금 확인해 주셨다(마 19).

이혼 증서를 쓰기만 하면 합법적인 이혼이 된다는 생각은 신명기 24장의 원래 의도가 아니다. 이혼 증서를 쓰는 법적 과정을 통해 반성하고 이혼 증서를 쓰지 않아야 한다는 말이다. 차라리 이혼 증서를 쓰려는 손을 잘라서 이혼 증서를 쓰지 말라는 하나님의 뜻이다. 최소가 아닌 최대가 하나님의 뜻이고 율법의 성취이다.

갈등과 이혼

인간관계가 적절한 도우미의 관계로 설명된다. 여기에는 갈등이 전제된다. 지키는 일, 선, 남의 양식, 선악과를 지키기 위해서 때로 갈등이 필요하다. 그러나 이런 갈등과 이혼은 다른 문제이다. 남자가 부모를 떠나서 여자와 합하여 한 몸을 이룬 것은 하나님이 짝지어 주신 것이기 때문에 사람이 나눌 수 없음을 알아야 한다. 인간이 한 이혼의 선택에 대해 율법의 허락, 즉 하나님의 인정을 받으려는 태도를 고쳐야 한다. 바울 사도도 믿지 않는 배우자가 헤어지기를 원하지 않으면 함께 살도록 권한다. 심지어 이혼했더라도 혼자 지내면서 다시 합하기를 바라야 한다고 주장한다(고전 7:11). 이혼은 음행 혹은 죽음이라는 과정을 통하지 않고서는 안 된다.

선을 위해서 악과 씨름하는 갈등은 친밀한 부부관계에서도 항상 필요하다. 그러나 갈라서는 것과는 다르다. 함께 만들어야 할 선한 세상의 적절한 도우미로 서로를 인내하면서 하나님의 뜻을 이루는 삶이 필요하다. 샬롬.

돕는 배필과 작은 자

결혼/이혼 문제와 "작은 자"

부부에게 적용된 돕는 배필의 관계는 먹거리와 어떤 관계가 있을까? 창세기 3장에서 선악과를 같이 먹는 일이 나오지만 2장에서 둘이 한 몸이 된다는 말씀과 더불어 부부의 관계에서 먹거리는 어떤 의미가 있는지 살펴보자.

> 남자가 부모를 떠나 그의 아내와 합하여 한 몸을 이룰지로다(창 2:24)

이 말씀은 바리새인이 시험할 때 예수님께서 인용한 구절이다(마19:5). 예수님은 이 말씀을 이혼하지 않아야 하는 근거로 보셨다. 하나님이 짝지어 주신 것을 사람이 나눌 수 없다는 의미이다. 그렇다면 예수님은 두 사람이 한 몸을 이루라는 말씀으로 어떻게 결혼이 아닌 이혼이라는 문제로 나아갈 수 있었을까?

이혼에 대한 바리새인들의 질문에 예수님이 답변하시는 마태복음 19장의 문맥에는 용서와 작은 자의 문제가 나온다. 일곱 번을 일흔 번까지도 용서해야 한다(마 18:22). 그리고 소자를 실족하게 하면 연자 맷돌을 메고 바다에 던져지는 것이 낫다(마 18:6). 이것보다 조금 더 먼 문맥은 가이사랴에서 베드로를 비롯한 제자들이 예수님을 주와 그리스도로 고백한 이후에(마 16:16) 예수님이 세 번에 걸쳐 고난과 십자가와 죽음 그리고 부활을 예고하시는 사건이다(마 16:21, 17:22-23, 20:18-19). 예수님이 하나님의 아들로서 그리스도가 되신다는 고백은 그의 고난과 죽으심과 부활을 통해 이루어진다. 문맥을 고려할 때 그리스도는 용서와 작은 자를 위해 수난을 받으신다.

누가 작은 자인가? 누가 용서를 받아야 하고 무엇을 용서 받아야 하는가? 마태는 이에 대한 구체적인 내용을 체계적으로 제시한다. 양 백 마리중에 잃어버린 한 마리가 작은 자이다(마 18:12-14). 그리스도는 이런 작은 자를 용서하고 바로 세우는 일을 위해 수난을 받으신다. 용서의 대상은 일만 달란트 빚을 진 자이며 일백 데나리온의 부채를 진 동료이다(마 18:23-35). 이혼을 당할 수밖에 없는 당시의 여자들이다(마 19:3-12, 요 4:18 참고). 나아가 예수님에게 안수받기를 원해서 데리고 온 어린아이들이다(마 19:13-15). 또한 재물이 많은 청년이 영생을 얻기 위해 재산을 팔아 나누어 주어야 할 가난한 자들이다(마 19:16-30). 그리고 한 데나리온의 품삯을 받기 위해서 노동시장에서 기웃거리며 서성이는 노동자들이다(마 20:1-16). 이들은 예수님 당시에 경제적으로 사회적으로 작은 자들이다.

예수님의 세 번째 수난 고지(마 20:17-19)에 이르기까지 소개된 사람들은 모두 약자이고 작은 자들이다. 때로는 부부 관계, 부자 관계, 주종 관계와 같은 가족 관계에서 천국이 어떤 모습인가를 제시한다고 말하기도 한다. 에베소서나 골로새서에서 바울이 제시한 가계 훈육과 유사하다. 그러나 이 맥락의 핵심은 사회적이며 경제적인 그 시대의 작은 자들이 어떻게 용서(혹은 탕감)될 것인가이다.

예수님의 복음은 그 시대가 주는 상처와 아픔을 극복하는 능력을 가지고 있다. 복음은 소위 시대정신이나 질서와 같은 이름으로 규정되는 것들을 무너뜨리는 강력한 무기였다. 그 핵심은 작은 자를 지키고 보호하는 것이다. 이혼 문제에 대한 바리새인들의 질문과 예수님의 답변은 당시 남성 중심 사회에서 버려진 여성들에 대한 예수님의 용서의 복음이 얼마나 현실에 적절하게 자리잡는지를 보여 준다.

사마리아 수가 성의 여인

예수님은 유대에서 갈릴리로 가시면서 굳이 사마리아를 통과하신다. "사마리아를 통과하여야만(에데이, ἔδει) 하겠는지라(요 4:4)"에는 반드시 지나가야만 하는 당위의 입장이 들어 있다. 반드시 사마리아를 통과해야만 하겠다는 의지를 밝히신다.

그 이유는 사마리아 수가 성 여인을 만나는 장면을 통해 밝혀진다. 여인은 예수님과 대화하는 중에 영생하는 물을 달라고 요청한다(요 4:15). 이때 예수님이 여인에게 남편을 불러오라고 하신다. 여인은 남편이 없다고 말한다. 예수님은 말씀하신다. "너는 남편이 다섯이 있었고 지금 있는 자도 네 남편이 아니다." 우리의 관심사는 여러 가지이다. 예수님이 주시는 영생하는 물이 무엇인가? 그 물을 달라고 하는 여인에게 왜 남편을 데려오라고 하시는가? 예수님은 여인이 다섯 번 버림받은 것과 지금 동거하는 남자의 이야기를 왜 언급하시는가?

여인은 생수를 한 번 먹으면 다시는 목마르지 않는 샘물로 이해하고 그 물을 달라고 요청한다. 사실은 영원한 생명을 주는 물이다. 요한복음의 목적에 합한 주제이다. 영원이란 하나님께 속한 것이므로 사람의 손에 주어진다면 그것은 전적인 은혜이다. 매번 뜨거운 태양 아래서 물을 길러 와야 하는 수고에서 벗어나는 길이었다.

예수님은 왜 남편을 데려오라고 말씀하셨을까? 여인에게는 남편이 없다. 남편이 다섯이 있었고 지금은 남편이 아닌 남자와 같이 있다. 남편 다섯을 사별했는가? 아니면 이혼했는가? 다섯 번 결혼한 여인은 부정한 여인인가? 왜 예수님은 남자가 아니고 여자와 대화하시는가? 우리는 수가 성의 여인을 남성 편력을 가진 음란한 여인으로 읽지 않는다. 당시의 남성 중심 사회에서 아내를 버리는 일이 얼마나 쉬웠겠는가? 얼마나 만만하면 빵을 굽다가 태우면 버릴 수 있다고 공공연히 주장했겠는가? 당시는 다른 젊은 여자가 더 예쁘게 보이면 자기 아내를 버릴 수 있다고 해석할 수 있는 사회였다. 그 사회는 이 정도까지 여자를 가볍게 생각할 수 있는 남성 중심의 사회였다.

수가 성 여인은 남자가 아니면 스스로의 삶을 유지할 수 없는 사회 속에서 살아가는 전형적인 여인이었다. 다섯 번이나 버림받고 나서도 남자와 살아야만 자신의 먹을 것을 해결할 수 있는 여자였다. 작은 자의 현실이며 실제이다. 예수님은 남자를 의지할 수밖에 없는 여자에게 남편을 불러오라고 하심으로, 영원한 생명을 주는 물을 통해 누가 그녀의 삶을 영원한 생명과 연결하는지 가르쳐 주신다. 시대의 한계 속에 온몸으로 버림받은 고통을 지고 살아가는 여인에게 하늘로부터 오는 생명수는 남자에게서 나오지 않음을 예수님이 보여 주신다.

왜 이혼은 안 되는가?

예수님 당시에 이혼 증서를 써서 남자가 여자를 버리는 것은 예수님이 가지고 오시는 천국 질서를 위협하는 질서였다. 예수님이 오셔서 십자가와 죽음을 통해 이루시는 용서와 탕감 그리고 용납과 환대의 자리를 짓밟는 관행이었다. 작은 자를 받기 위해, 용서하기 위해서 오신 예수님은 여자들이 버림받는 것을 참을 수가 없었다. 하나님이 짝지어 주었는데 너희 사람들이 나누는 것이 정당한지 묻고 계신다.

돕는 배필로 함께 경작하고 함께 하나님의 명령을 지키면서 살아야 하는 이들은 서로의 약함과 부족 그리고 위치 없음을 지켜 주어야 한다. 그것이 어린아이이든, 여자이든, 종이든, 혹은 죄인이든, 혹은 소자와 작은 자이든, 길을 잃은 어린 양이든 마찬가지다.

예수님은 두 사람이 한 몸을 이루라는 결혼의 적법성을 말씀하시면서 창세기 2장 24절을 인용해 이혼이 안 된다고 가르치시는 이유를 살펴보았다. 돕는 배필의 삶을 유지하는 것은 서로의 필요, 서로의 먹을 것을 공급하는, 지키는 삶의 본질이다. 에덴에서 노동하면서 경작한다면 지키는 삶은 무엇인가? 선악과를 먹지 말라는 명령을 지키는 것이다. 또한 둘이 한 몸을 이루라는 명령을 지키는 것이다. 약한 자, 작은 자, 소자를 버리지 말고 자기중심적으로 관계를 맺지 말고 서로 지켜 주라는 것이다.

이제 세상이 변해서 여성가족부가 남성 역차별의 자리이니 없애야 한다고 주장하는 시대를 살고 있다. 무슨 상관이 있는가? 하나님이 짝지어 주셨기에 사람이 나눌 수 없다. 누가 우위인가는 관심이 없다. 두 사람은 서로를 버리지 않아야 한다. 서로의 필요와 서로의 위로가 되기 위해서이다. 한 몸은 떨어질 수 없는 몸이다. 차라리 이혼증서를 쓰는 오른손을 잘라내라. 그리고 서로 돕는 자로 살아라. 샬롬.

벌거벗음과 간교함

벌거벗음과 뱀의 간교함

창세기 2장 25절의 '벌거벗다'와 창세기 3장 1절에 뱀에 대한 소개에서 들짐승 중에 가장 '간교하다'는 발음이 유사하고 자음이 같다. '벌거벗다'는 아롬(עָרוֹם)이고, '간교하다'는 말은 아룸(עָרוּם)이다. 둘 다 형용사이다. '부끄러운'에 해당하는 형용사는 복수형이고, '간교한'에 해당하는 것은 단수형이다. 연속된 두 절에 있는 두 단어의 유사한 발음은 두 단어의 깊은 연관성을 보여 준다.

"아담과 그의 아내 두 사람이 벌거벗었으나 부끄러워하지 아니하니라"(창 2:25). 아담과 아내는 벌거벗었지만 부끄러워하지 않았다. 벌거벗음이 부끄러워진 상태와 연결된다는 사실을 보여 준다. 이는 벌거벗음으로 부끄러워진 상태를 전제하고 기록한 것이다. "부모를 떠나"라는 표현과 함께 창세기가 기록된 시점의 현실에서 에덴의 상태를 묘사한다. 선악과를 먹는 것이 문제가 되어서 무화과나무 잎으로 가린다. 나중에는 하나님께서 가죽옷을 지어 입히시는 일까지 생긴다. 현실에서는 벌거벗은 것이 심각한 문제가 된다.

뱀의 간교함은 무엇인가?

벌거벗음이 문제가 된 것은 선악과를 먹었기 때문이다. 왜 사람은 선악과를 먹었는가? 창세기 3장은 그 이유를 설명한다. 자발적으로 그리고 충동적으로 선악과를 먹은 것일까? 창세기 3장은 뱀의 충동이 있었다고 설명한다. 이 장은 뱀을 소개하면서 시작한다. 뱀은 하나님이 만든 짐승 중에 가장 간교하다. 뱀이 결과적으로 악한 일을 이루었음을 알기 때문에 간교하다는 말은 부정적인 인상을 준다. 좋은 대상이라면 슬기롭다 혹은 지혜롭다 등으로 번역했을 것이다. 하나님이 만드신 들짐승 중에 가장 간교하다고 시작한 단락은 어떻게 결론을 짓는가? 결국 사람으로 하여금 선악과를 먹어도 된다는 결론을 이끌어 낸다. 이것은 하나님께서 사람을 에덴에 두면서 주어진 과제, 곧 경작하며 지켜야 할 것을 파괴했다는 결론이다.

뱀은 여자에게 접근하여 하나님이 동산의 모든 실과를 먹지 말라고 말씀하셨는지를 묻는다. 모든 실과를 자유롭게 먹도록 한 사실은 생략했다. 여자는 "동산의 모든 실과를 먹을 수 있지만 동산 중앙에 있는 나무의 열매는 먹지도 말고 만지지도 말라. 그렇지 않으면 너희가 죽는다."라고 말씀하셨다고 답한다. 여기서 만지지도 말라는 말은 하나님이 말씀하신 것이 아니다. 이것을 두고 부정과 긍정의 입장이 나누어진다.

부정적 입장은 하나님의 말씀에 일점일획도 첨언하거나 빼서는 안 되는데, 여자가 덧붙였다는 것이다. 하나님의 명령이 지나치다는 인상을 준다는 생각을 반영한다고 본다. 반대로 긍정적인 입장은 먹지 않기 위해서는 만지지도 말아야 한다는 의미로 이해한다. 하나님의 율법에 대한 실천 강령을 스스로 정한 것이다. 명령 혹은 율법에 대한 구체적인 실천 방식과 다짐을 반영하는 좋은 태도라고 해석한다. 어느 쪽으로 볼지는 그렇게 중요하지 않다. 뱀이 공격하는 핵심은 죽는다는 하나님의 말씀에 대한 공격이기 때문이다.

사람이 먹는 이유는 살기 위해서이다. 그런데 먹으면 죽는 것이 있다. 뱀은 바로 이 지점에서 공격한다. 먹는 것은 다 유익하니 결코 죽지 않는다고 말한다. 뱀은 하나님이 먹지 않도록 금한 것이 가진 특별한 효능을 언급한다. 즉 하나님만의 음식인 것처럼 말한다. "먹으면 눈이 밝아져 하나님과 같이 된다. 그래서 선악을 알 줄 하나님이 아신다." 정리하면 동산 중앙의 먹지 말라고 명령한 나무 실과를 먹으면 신적 존재가 되어 선악 판단의 주체가 된다는 것이다.

뱀은 선악과를 먹음으로 사람에게 일어날 변화를 제시했다. 먹는 과실의 이름에 담긴 선악을 안다는 의미가 오롯이 먹는 자에게 유효하게 된다고 해석하면서 먹을 것을 부추긴다. 선악을 알게 하는 나무의 과실을 먹었으니 당연히 선악을 알 것이라고 말한다. 당연해 보이는 논리적 귀결이지만, 하나님의 명령을 고려하지 않는다. 왜 하나님께서 선악과를 먹지 말라고 하셨는가? 뱀은 하나님의 이기적인 태도가 숨겨져 있다고 항변한다. 다른 실과들은 다 먹어도 되지만, 선악과는 먹지 말라는 명령의 목적은 인간이 하나님과 같이 되지 못하도록 하기 위해서라는 주장이다. 하나님의 말씀을 확 잘라 버리고 하나님의 의도를 짓밟고, 인간에게 신세계를 제시한다. 하나님이 만드신 동산에서 뱀은 사람만이 중심이 되는 세상을 전개하도록 간교하게 유혹한다.

실제로 여자가 그 나무 즉 선악과를 바라보았을 때 반응이 이러했다. "먹음직도 하고 보암직도 하고 지혜롭게 할 만큼 탐스럽다." 먹음직하고 보암직한 것은 에덴의 모든 실과가 그러하기 때문에 문제가 되지 않는다 (창 2:9 참고). 그러나 지혜롭게 할 만큼 탐스럽다는 것은 뱀의 말과 직접 연결된다. 여자가 그 말을 듣고 선악과를 보니 지혜롭게 할 만큼 탐스럽게 보였다.

선악을 아는 방식의 차이

뱀은 선악과를 먹어야 선악을 안다고 말한다. 하나님과 같이 된다고 말한다. 실제로 타락한 결과 인간이 선악을 판단하는 주체가 되었음을 하나님도 인정하신다(창 3:22). 그런데 하나님의 명령을 어김으로 알게 된 선과 악의 지식이 과연 정상적일까? 선악과를 먹고 안 선과 악의 지식이 사람을 에덴에 머물게 했는가? 선과 악의 지식으로 인간이 어떤 결과를 만들었는가? 오히려 짐승의 희생과 형제 살인과 힘과 권력에 따른 지배와 살인과 희생을 정당화하는 세상을 만들지 않았는가?

선악을 아는 일에 하나님과 같이 된다는 것은 선악을 판단하는 주체가 되었다는 말이다. 그 결과 하나님이 주체가 되는 선악의 본질과 대립한다. 그렇다면 하나님이 선악의 주체가 되는 것과 뱀의 간교함에 이끌려 사람이 선악의 주체가 된 것은 무엇이 다른가?

사람이 하나님과 같이 선악을 판단하는 주체가 될 때, 사람에게 유익한 것이 선이 되고 만족을 주지 않는 것이 악이 된다. 인간의 시선이 기준이다. 인간은 하나님의 형상으로 지음을 받았고 다스리는 일을 한다. 다스림의 구체적인 내용은 경작하고 지키는 것이다. 지키는 것의 핵심은 선악과를 먹지 않는 것이고 남의 먹거리를 지키는 삶이다. 서로 돕는 인간들의 관계를 유지하는 것이 인간됨이다. 그런데 선악과를 먹음으로 알게 되는 선악은 다른 세상이다. 내가 필요하면 다른 사람의 먹거리도 먹을 수 있다. 약탈과 도둑질이 가능해진다. 이런 행동의 근거는 내가 필요하고 내가 좋기 때문이다. 힘과 권력만 있으면 어떤 일도 할 수 있고 그것이 선이 된다.

우리는 선악과를 따 먹은 사건을 이해하기 위해서 선악과가 다른 사람의 먹거리라는 관점을 생각해 보았다. 뱀의 간교함은 단순하다. '왜 다른 사람이 먹도록 두는가? 네가 먹을 수 있는데, 네가 손만 뻗으면 네 것이 되는데 왜 그것을 남이 먹도록 두는가? 어리석은 일이다. 네가 먹어라. 남의 떡이 얼마나 맛있는 줄 아는가?'

하나님은 다른 사람의 먹거리에 자신의 명령을 두었다. 하나님을 사랑하는 것이 곧 이웃을 사랑하는 것이기 때문이다. 그래서 서로 돕는 삶이 되도록 하셨다. 신앙적 결단은 사람들이 함께 살며 서로 돕는 세상을 만들기 위함이다. 하나님이 선악의 기준이 되고 주체가 될 때는 어떻게 될까? 하나님은 사람이 서로의 삶을 잘 돕고, 같이 사는 세상을 만들어 가기를 원하셨다. 남의 먹거리를 지키는 삶이 하나님의 형상답고 진정한 인간의 품위를 지키는 삶이다. 경작하여 일하지만 내 노력과 수고에는 다른 사람의 몫이 들어 있다. 그러므로 다른 사람을 위해서 수고하는 삶을 살고, 서로 돕고 살면서 서로를 귀하게 여겨야 한다.

간교한 뱀은 사람이 선악과를 먹도록 했다. 선악을 아는 일에 변화를 주기 위해서이다. 그 결과 남의 양식을 건드리면서 만족하는 세상을 만들었다. 그러나 원래 하나님이 만드신 세상의 선악은 다르다. 남의 음식을 존중하는 세상이다. 율법은 배고픈 사람이 과수원에 들어가서 먹고 나오는 것은 무죄하다고 판단한다. 그러나 들고 나오면 도적이 된다. 추수할 때는 항상 떨어진 이삭을 줍지 말고, 귀퉁이를 남겨 놓아야 한다. 가난한 자들을 위해 십일조를 드려야 한다. 가난한 이웃과 나그네와 레위인을 잊지 않아야 한다.

예수님은 안식일이 사람을 위해 있다고, 안식일의 율법마저도 배고픈 사람을 위해 있다고 선언하신다. 다윗과 그의 소년들이 배고플 때 제사장의 진설병을 먹은 일은 안식일에 벼 이삭을 비벼 먹어도 된다는 것으로 발전했다. 우리의 수고에는 남의 양식이 들어 있다. 이를 지켜 내는 것이 선이고 이를 파괴하는 것이 악이다. 하나님의 선악 개념은 이와 같다. 뱀이 제시한 개념은 다르다. '네가 먹고 싶으면 남의 것이라도 먹어라. 왜 남의 것을 그대로 두는가?' 인간의 끝없는 욕망과 욕심을 부추기는 뱀의 지혜는 인간을 파멸로 몰고 있다. 샬롬.

벌거벗음과 돕는 관계의 파괴

부끄러움과 두려움

창세기 3장에서 아담과 그 아내는 선악과를 먹고 난 결과 눈이 밝아졌고(7절), 자신들이 벗은 줄을 알았다. 무화과나무 잎을 엮어서 치마로 삼았다. 그들이 눈이 밝아져서 알게 된 것은 벌거벗음이다. 눈이 밝아진다는 말을 근거로 해서 벗은 것을 안 것(7절)과 하나님과 같이 된다는 뱀의 말이(5절) 연결된다. 벗은 것을 아는 것은 바로 선악을 아는 일에 하나님과 같이 된 것이다. 이미 벌거벗고 살고 있었는데 그것을 새삼스럽게 자각했다. 그 상태를 견디지 못했기 때문에 무화과나무 잎으로 치마를 만들어 가렸다. 부끄럽기 때문이다. 부끄러움은 서로를 직면하지 못하게 만든다. 무화과나무 잎으로 치마를 만들어 입음으로 벌거벗음의 상태를 면하려 했다. 벌거벗음이 주는 부끄러움으로 벌거벗음이 정상이 아니라고 판단한다.

원래 벌거벗음은 하나님이 만드신 상태이고 정상이다. 사람 사이에 어떤 가리는 것이 없는 투명한 상태이다. 선악과를 먹고 난 뒤로 이것이 정상이 아니라고 판단한다. 이미 눈이 밝아진 상태이다. 하나님과 같은 상태이고 선악을 아는 자가 되었다. 먹기 이전의 선악이 아닌 다른 종류의 선악이 생겨났다. 하나님이 선하게 여기는 벌거벗음이 더는 선하지 않고 가려야 할 악한 것이 되었다.

하나님이 남자에게서 여자를 만드셨다. 사람이 혼자 있는 것이 좋지 않기에 여자를 만들어 좋은 상태로 바꾸었다. 내가 아닌 다른 사람과 관계를 맺는 방식은 서로 돕는 것이다. 아담은 돕는 관계가 이루어지고 기쁨의 고백을 담은 노래가 울려 퍼졌다. 아담은 "내 살 중의 살이고 뼈 중의 뼈"라고 노래하며 자신과 같은 존재를 기뻐했다. 이렇게 좋은 상태, 서로를 기뻐하는 상태, 서로 돕는 관계를 부부 사이에서 규정할 때, 벌거벗었으나 부끄러워하지 않는다고 말한다. 돕는 이는 특별한 관계를 표현하는 언어이다. 가림이 없는 상태를 나타내는 벌거벗음이라는 말에는 하나님이 창조하신 세상의 선함과 서로 도움이 되는 관계와 서로를 기뻐하는 정서적 태도가 모두 표현된다. 뱀의 간교함은 벌거벗음이 가진 창조의 모든 선한 것을 그대로 두지 않고 부끄러운 상태로 변질시켰다.

벌거벗었으나 부끄럽지 않았다는 부정적인 표현(창 2:25)을 근거로 창세기 3장 7절을 보자. 눈이 밝아져서 벗은 줄을 알고 무화과나무 잎을 엮어 치마로 삼았다. 벗은 것이 부끄럽지 않았는데 이제는 부끄러워서 무화과나무로 만든 치마로 가려야 했다. 창세기 3장에서는 벌거벗음이 부끄러운 것이라고 직접 규정하지는 않는다. 대신에 사용하는 용어는 두려움이다(창 3:10). 자신의 벌거벗음을 인식하고 하나님을 두려워한다.

아담과 그 아내는 선악과를 따 먹은 후 동산에 계신 여호와 하나님의 소리를 듣고 여호와 하나님의 낯을 피하여 동산 나무 사이에 숨었다. 동산 나무는 하나님의 낯을 피하는 도구가 되었다. 원래 나무는 원래 먹거리를 얻는 수단이자, 남의 먹거리를 지키는 수단이었다. 나무는 서로 돕는 관계를 유지하면서 하나님의 계명, 명령을 지키는 수단이었다. 이제는 하나님과 관계를 유지하는 수단인 나무가 하나님을 피하는 수단이 되었다. 선악과를 먹은 결과이다. 숨었기에 하나님이 찾으신다. "네가 어디 있느냐?" 이때 아담이 답변한다. "내가 동산에서 하나님의 소리를 듣고 내가 벗었으므로 두려워하여 숨었나이다." 벌거벗은 상태로 하나님과 그분의 목소리를 두려워했고, 그 두려움으로 숨는다. 하나님과의 관계가 파괴되었다. 이미 사람과의 관계가 치마를 통해 가려지고 파괴되었는데, 하나님과의 관계도 파괴되었음을 확인시킨다.

사람은 벌거벗었기 때문에 숨기 전에 하나님의 낯을 피한다(창 3:8). 낯을 피한다는 것은 하나님의 얼굴을 직면하지 못하는 상태이다. 하나님의 얼굴을 대면하는 것은 하나님과의 언약적 관계가 정상임을 말하고 하나님의 복을 받는 상태임을 말한다. 민수기에 나타나는 제사장의 축복에서 알 수 있다. "여호와는 그 얼굴을 네게 비추사 은혜 베푸시기를 원하고, 그 얼굴을 네게로 향하여 드사 평강 주시기를 원하노라(민 6:25-26)." 여호와의 얼굴을 피하여 숨는 행위는 여호와의 관계가 깨어졌다는 표시이다. 소위 언약적 관계의 파괴이다. 왜 이렇게 되었는가? 선악과, 즉 남의 먹거리를 먹었기 때문이다. 인간은 자신들이 규정하는 선악으로 구성된 새로운 세상을 맞이하면서 하나님과 그분의 명령을 배제하는 세상으로 진입하였다.

하나님과의 관계가 적대적인 것으로 전락하였다. 그 결과 사람은 하나님을 두려워하는 자가 된다. 하나님이 만드신 좋은 세상에 속하여 모든 먹을 것을 공급하는 나무조차 자신들을 가리는 수단으로 변질된다. 남의 먹거리를 지키지 못하고 먹은 결과 하나님과 누리는 평화가 없어지고 사람 사이에 부끄러움이 없던 서로 돕는 관계가 깨졌다.

부끄러움과 치마

치마를 만들어 입은 것은 "가림"이다. 하나님의 낯을 피하여 숨는 것과 유사하다. 나중에 에덴에서 추방될 때 하나님께서 직접 가죽옷을 지어 입히셨다. 무화과나무 잎으로 만든 치마와 가죽옷을 비교할 때 가린다는 성격은 같다. 그러나 가죽옷은 일시적인 것을 항구적인 것으로 고정해 버린다. 사람들 사이의 관계는 더 이상 벌거벗은 상태로 지낼 수는 없다는 하나님의 선언이다. 이것은 에덴에서 살 수 없는 조건이기도 하다.

에덴은 벌거벗었으나 부끄러움이 없는 사람들이 사는 곳이다. 사람들 사이에 막힌 것이 없고 가리는 것이 없는 것이 정상이다. 그러나 남의 먹거리인 선악과를 지키지 못하고 먹어버린 결과 이제는 서로의 모습을 가리고 숨겨야만 한다. 다 보여서는 함께 할 수 없는 상태가 되었다. 벌거벗음을 성적인 부끄러움으로 규정할 수는 있지만 이는 단지 성적인 문제만은 아니다. 벌거벗음과 부끄러움은 전반적인 사람들의 관계가 정상이 아님을 말한다. 첫 사람의 범죄를 성적인 범죄라고 규정하는 것은 지나쳐 보인다. 단지 죄가 성의 문제로 표현되고 있다고 말할 수는 있다.

부끄러움이 없는 상태는 서로 돕는 관계이고 서로의 먹을 것을 지키는 상태이다. 무엇보다 선한 상태이다. 그런데 선악과를 먹고 치마를 만들어 입으면서 관계의 변화가 발생한다. 하나님은 이러한 변화가 일어났다는 사실을 확인시켜 주신다. 먼저 남자에게 물으신다. "너의 벗었음을 누가 알려주었는가?" 이는 먹지 말라고 한 선악과를 먹은 결과이다. "누가 알려주었냐"는 하나님의 질문에 아담은 "하나님이 주셔서 나와 함께 있게 하신 여자 그가 그 나무 열매를 내게 주므로 내가 먹었다"라고 대답한다. 이 대답은 단순하게 여자가 주어서 먹었다는 의미를 넘어선다. 하나님이 주시고 함께 있게 한 여자가 주어서 먹은 것이다. 먹지 말라고 한 하나님의 명령을 어긴 일을 인정하고 돌이키지 않는다. 회개가 없다. 자신의 책임을 여자에게 미루고, 나아가서 하나님에게 원인을 돌린다. 하나님이 주신 여자라는 말은 하나님이 주신 은혜를 말한다. 하나님의 은혜가 도움이 되지 않고, 오히려 삶에 방해가 되었다는 말이다. 은혜, 즉 하나님이 주신 것이 하나님의 명령을 위반하고 관계를 망치게 되었다고 원망한다. 도움이 되도록 준 관계가 작동하지 않았다고 항변한다.

벌거벗음이 두려움이 된 것은 결국 돕는 이가 되어야 할 관계가 깨진 현실을 반영한다. 서로 돕는 관계가 아니고 부끄러운 관계가 되었다. 부끄러움이 무엇인가? 서로에게 유익하지 않은 관계이다. 무엇인가 가리고서야 관계가 가능한 상태이다. 이것을 먹거리와 연결해 보자. 남의 먹거리를 먹고 난 결과 이제 서로는 서로를 자랑스럽게 돕는 이로서 신뢰하지 못한다. 언제 나의 것을 빼앗을지 모르는 적이 될 수도 있다는 경계심으로 서로를 본다. 이런 경계심은 현실적으로 서로 무조건적인 신뢰를 할 수 없게 만든다. 의심과 경계를 치마로 가리면서 보여 준다. 왜 보증을 서는 것이 어리석은 일이라고 말하는가? 과도하게 신뢰하는 것이기 때문이다. 모든 것을 잃을 것을 각오하면서 보증을 설 수 있다. 그렇지 않으면 보증을 서지 말라. 사람과 인생사는 그렇게 신뢰할 만하지 못하다. 심지어 부부의 관계도 이런 신뢰가 있을지 의문이다.

남의 먹거리를 탈취한 세상에는 어떤 신뢰도 존재하지 않는다. 결국 거래와 법적인 보장, 나아가 사회적 이목을 근거로 겨우 관계가 유지된다. 치마는 사람들의 관계에 이러한 장치들이 필요하다는 것을 보여 준다. 샬롬.

뱀의 간교함과 벌거벗음

벌거벗음과 사탄의 간교함

앞선 글에서 '벌거벗었으나 부끄러워하지 않았다'(창 2:25)는 진술과 뱀의 간교함을 보았다(창 3:1). 벌거벗음은 '아루밈'(עֲרוּמִים)이고 간교함은 '아롬'(עָרוּם)이다. 자음은 같고 모음만 다르다. 벌거벗음과 간교함은 언어유희이다. 벌거벗음이 간교함으로 전락할 가능성을 암시한다. 창세기 3장 5절과 선악과를 따 먹은 결과를 말하는 3장 7절의 대조를 살펴 보자.

> 너희가 그것을 먹는 날에는 너희 눈이 밝아져 하나님과 같이 되어
>
> 선악을 알 줄 하나님이 아심이니라(창 3:5)

이에 그들의 눈이 밝아져 자기들이 벗은 줄을 알고

무화과나무 잎을 엮어 치마로 삼았더라(창 3:7)

두 구절은 공통점이 있다. 뱀은 선악과를 먹으면 눈이 밝아질 것이라고 말했고 실제로 눈이 밝아졌다고 본문은 말한다. 뱀은 너희가 선악을 아는 것에 하나님과 같이 된다고 했지만, 결과적으로는 벌거벗은 것을 알았고, 오히려 하나님과 같이 되기보다는 무화과나무 잎을 엮어 치마로 삼아 자신들을 가렸다. 하나님을 두려워하여 숨었다. 뱀의 말을 따라서 선악과를 먹은 결과는 벌거벗음과 선악을 안 것이다.

인간이 벌거벗음을 의식하지 않았을 때는 뱀의 간교함과 관련이 없었지만 이제 선악과를 먹고 나서 눈이 밝아져 벌거벗음을 의식하면서 간교한 상태에 떨어졌다. 뱀은 선악과를 통해서 선악을 알게 되는 눈이 밝아지는 길을 제시했지만, 그것은 인간을 자신의 간교함으로 이르게 만드는 길이었다.

뱀의 거짓은 무엇인가?

하나님은 남자와 여자에게 차례대로 왜 선악과를 먹었는지를 질문하는 과정에서 여자의 답변에 관심을 두신다. "네가 어찌하여 이렇게 하였느냐" 여자는 "뱀이 나를 꾀므로 내가 먹었나이다"라고 대답한다. "꾀므로"에 주목해 보자. 이 단어는 속이다, 기만하다, 혹은 거짓 희망을 준

다는 말이다. 거짓말을 했다는 것이다. 이것 때문에 뱀은 거짓의 대명사
가 되었다.

신약에서 선악과를 먹은 사건에 사용한 동일한 동사가 나온다. 고린도
후서 11장 3절이다.

뱀이 그 간교로 하와를 미혹한 것 같이

간교(판울기아, πανουργία)는 창세기 3장 1절의 그 간교함이다. 그리고
'미혹하다'는 창세기 3장 13절에 여자가 사용한 그 단어이다(에파테센,
ἠπάτησέν)이다. 그 의미는 속임이고 거짓이다.

다른 본문은 디모데전서 2장 14절이다.

아담이 속은 것이(에파테테, ἠπατήθη) 아니고
여자가 속아(엑싸파테데이사 ἐξαπατηθεῖσα) 죄에 빠졌음이라

두 신약 본문은 여자가 뱀에게 속임을 당했다고 말하면서 여자가 창세
기 3장 13절에서 했던 그 단어(LXX)를 그대로 사용한다. 신약성경은 뱀
이 거짓을 말했다고 이해한다.

결정적으로 예수님이 뱀에 대해서 말씀하신다. 요한복음 8장 44절이

다. "너희 아비 마귀에서 났으니… 이는 그가 거짓말쟁이요 거짓의 아비가 되었음이라." 창세기 3장 13절의 '꾀다'와 같은 단어는 아니지만 거짓 혹은 거짓말쟁이라고 한다. 의미의 전달이 성숙한 형태이다. 뱀, 마귀는 거짓말쟁이다.

여자는 뱀이 자신을 속였음을 알았다. 하나님께 대답할 때 뱀이 나를 속이므로 속아서 먹었다고 답했다. 어떤 말에 속았을까? 선악과를 먹어도 결코 죽지 않는다는 말인가? 눈이 밝아 하나님과 같이 되어 선악을 안다는 말인가? 여자는 선악과를 먹었을 때 변화를 겪었다. 벌거벗음에 대해 눈을 떴고 서로를 부끄러워했고, 하나님께 대해서는 두려워해서 숨었다. 이런 변화가 사탄의 약속과 다르다는 것을 알았기에 속았다고 말했다. 결코 죽지 않으리라는 뱀의 말도 궁극적으로는 흙으로 돌아간다는 하나님의 선언으로 거짓임이 밝혀진다. 그런데 과연 선악을 아는 일에 하나님과 같이 되었는가?

선악과를 먹기 전에도 사람은 선한 것이 무엇인지 알았다. 혼자 있는 것이 좋지 않다는 하나님의 말씀도 알았다. 선악과를 먹지 않는 것이 선한 것이고, 먹는 것이 좋지 않은, 악한 것임을 상대적으로 알 수 있다. 선악과를 먹음으로 사람은 간교함에 이르렀다(벌거벗음과 간교함의 언어유희를 기억해 보라). 그 결과 새로운 선과 악의 세계로 진입한다. 하나님도 사람들이 선악을 아는 일에 우리 중 하나 같이 되었다고 선언하신다(창 3:22). 사람들은 하나님처럼 선악을 안다.

선악을 아는 일은 선악을 판단하는 일이다. 선악과를 먹기 전에는 하나님만이 선악을 판단하는 주체였다. 뱀의 간교함을 따라 선악과를 먹은 이후로는 사람도 선악을 판단하는 주체가 되었는데, 이는 뱀의 간교함에 근거한 판단이다. 여자와 남자는 자신의 삶에 일어난 변화로 뱀에게 속았음을 알았다. 벌거벗음이 부끄러움이 되어 서로를 신뢰하지 못하고 책임을 전가하는 자리에 이른 현실, 하나님을 가까이하지 못하고 두려워하게 된 현실은 기대하지 않았던 거짓임을 안 것이다.

뱀의 거짓말로 인간은 오히려 뱀에 종속된다. 뱀의 거짓말로 하나님으로부터 독립하여 뱀에게 종속된 지혜(간교함)로 소속의 전이가 일어나게 했다. 하나님은 하나님의 형상으로 사람을 만드셨지만, 뱀은 사람을 자신의 형상을 가진 존재로 바꾸었다. 그 결과 사람은 죽음과 불행, 무엇보다 남의 먹거리를 탐내고 서로를 죽이고 책임을 전가하는 불행한 자리에 떨어진다.

죄와 형벌 선언

창세기 3장 9-19절은 하나님께서 남자와 여자 그리고 뱀에게 죄의 책임을 묻고 형벌을 내리는 단락이다. 이 단락을 아래와 같이 구조를 분석할 수 있다.

A. 남자의 죄를 추궁하시는 하나님(9-11)

　B. 여자의 죄의 책임(12)

　　C. 뱀의 책임(13)

　　C'. 뱀에 대한 형벌(14-15)

　B'. 여자에 대한 형벌(16)

A'. 남자에 대한 형벌(17-19)

　　오로(R. Ouro)는 『에덴 동산 기사』(236-237p)에서 창세기 2-3장의 교차대구구조를 제시한다. 이 분석의 결과는 가운데 내용인 뱀의 책임과 형벌이 가장 중요함을 말한다. 남자와 여자가 저지른 죄와 그 책임에서 벗어나기 위해서는 뱀의 형벌을 중심에 두고 풀어가야 한다. 고생 끝에 아이를 낳는 여자의 형벌과 남자와의 적절한 갈등도 중요하다. 그리고 남자에게 주어진 형벌인 땀 흘리며 일하는 것도 중요하다. 가장 중요한 것은 여자가 뱀과 원수가 되는 관계, 뱀과 적대적인 관계를 유지하고 그 관계를 지켜가는 삶이다. 뱀이 여자와 원수가 되는 관계를 유지하고 지키는 삶이 가장 중요하다. 뱀의 간교함에서 벗어나서 하나님의 지혜(선악)로 회복해야 우리의 가정과 생업에 생명이 있게 된다. 다르게 말하면 남의 먹거리를 지키는 가정이 되어야 하며 그렇게 노동해야 한다. 이웃을 사랑하는 삶을 지키는 하나님의 사랑의 은혜를 깊이 누림이 필요하다. 샬롬.

28
장

남자와 여자에 대한 저주와 회복

바람이 불 때 - 에덴의 주인이신 하나님

  선악과를 먹은 사건은 사람의 벌거벗음이 사탄의 간교함에 이른 사건이다. 에덴의 질서가 깨지고 사탄의 간교함이 지배하는 세상이 되었다. 에덴을 경작하고 지키는 역할을 해야 할 사람은 하나님과 관계를 끊고 뱀과 사탄의 생각대로 움직인다. 과연 하나님은 에덴이 뱀의 영역으로 전락하도록 그대로 두시는가? 하나님은 자신이 에덴의 주인이심을 선언하신다.

  여자가 선악과를 먹고 남자에게도 주어 먹게 한 날은 벌거벗음이 정상이 아니라고 판단하고(뱀의 간교함이다) 무화과 잎으로 치마를 엮은 날이다. 그날에 바람이 불었다. 바람은 영이다. 그날에 바람이 불었는지, 영이 등장한 것인지 살펴보도록 하자.

이와 비슷한 본문은 창세기 1장 2절이다. "땅이 혼돈하고 공허하며 흑암이 깊음 위에 있고 하나님의 영은 수면 위에 운행하시니라." 왜 하나님의 영이 등장하는가? 창세기 1장 2절은 창조의 6일이 진행되기 전 상태에서 창조가 어떻게 진행될지 알리는 역할을 한다. 창조의 6일은 혼돈과 공허를 넘어 사람이 거주하도록 만드는 과정이다. 첫 3일은 분리로 혼돈을 극복하고, 후반부 3일은 채움을 통해 공허를 극복했다. 흑암과 물은 사람과 모든 피조 세계가 거할 수 없는 상태이다. 여기에 하나님의 영이 등장하여 운행한다.

하나님의 영은 혼돈하고 공허한 땅, 그리고 흑암과 물의 상태에서 앞으로 창조될 세상의 주인으로 세상을 품는다. 운행한다는 말은 모세의 노래로 유명한 신명기 32장 11절에서 "독수리가 ... 자기의 새끼 위에 너풀거리며 ..."의 "너풀거리다"와 같다. 자기 새끼를 품는 어미 새의 모습이다. 어미 새는 다른 위험에서 새끼의 보호자로 등장한다. 자신이 새끼의 주인이며 보호자라는 선언이다.

마찬가지로 창세기 1장 2절에서 영이 운행한다는 표현은 땅과 흑암과 물의 주인 됨을 선포하는 것이다. 영의 등장은 영역의 주인 됨을 선포하는 동시에 하나님이 하실 일이 있음을 예견한다. 영은 하나님의 마음을 안다. 그래서 무엇을 하시려고 하는지를 보여준다. 하나님이 6일의 창조를 하실 것을 미리 등장하여 알리고 방향을 제시한다. 창세기 1장 2절을 창조의 6일의 프로그램이라고 부르는 이유이다.

창세기 3장 8절에서도 영이 등장한다. 여기서 선악과를 먹은 후에 하나님이 자기 사람들을 찾으시는 배경으로 바람이 부는 날이라고 할 수 있다. 왜 바람이 등장하는가? 영의 등장을 어떻게 보아야 하는가? 에덴에 불순종과 죄가 들어와서 뱀이 주인 됨을 주장하는 상황이 되었다. 이때 에덴에 영이 등장한다. 영의 등장은 그곳의 실제적인 주인 됨을 주장하는 표시이다.

많은 다른 번역 성경은 이 구절을 "날의 서늘함으로"라고 번역한다. 서늘함을 바람의 효과로 보면 개역개정 성경이 "바람이 불 때"라고 번역한 것과 유사하다. 왜 하나님이 동산을 거니시는데 바람이 부는가? 서부영화의 총잡이들이 대결하는 장면에서 나타나는 한 장면인가? 바람이 부는 자연적 환경에 대한 묘사로도 볼 수 있다. 그런데 표현 하나하나가 엄청난 무게감을 준다. 갑자기 바람이 불어서 무엇을 하는 것일까? 그리고 하나님이 거니시는 것과 무슨 상관이 있을까?

그 영이 그날에 있다. 그날, 즉 선악과를 먹은 날, 뱀이 승리했다고 여기는 날에 영이 등장한다. 그리고 하나님이 동산을 거니신다. 영의 등장은 창세기 1장 2절과 같이 이곳은 하나님이 다스리는 영역임을 말한다.

뱀이 지배권을 행사하려는 현장에 하나님이 무엇인가 행하실 것을 예상하게 한다.

바람과 관련해서 8장 1절은 노아 홍수 뒤에 하나님이 말씀하신 대로 모든 호흡하는 것이 다 죽은 상태에서 일어난 일을 말한다. 하나님이 노아와 방주의 모든 것을 기억하셨다. 하나님이 바람을 불게 하셔서 물이 줄어들었다. "바람이 땅 위를 건너가게 했다"가 직역에 가깝다. 물이 모든 생명을 삼켜버린 상태는 마치 창세기 1장 2절의 상태와 다를 바가 없다. 6일간 창조 질서가 다시 혼돈과 공허로 돌아간 상태이다. 흑암이 수면 위에 있는 상태이다. 이때 하나님이 영을 땅 위로 횡단하게 하신다. 하나님의 영이 등장하면 변화가 일어난다. 홍수로 뒤덮인 하나님의 심판의 현장은 노아와 방주만을 남겨 놓았다. 이 상황에서 하나님이 영을 보냄으로 노아가 맞이한 이 현실도 하나님의 다스림의 자리라는 선언과 동시에 하나님이 창조하신 세상으로 되돌리는 역사가 시작될 것을 예견할 수 있다.

이후로 영은 다양한 구약 역사의 사건에 등장한다. 홍해를 가르는 장면에서 동풍이 분다(출 14:21). 동쪽 바람이다. 바람은 역시 영이다. 이것을 모세가 노래할 때, "주께서 바람을 일으키시매"(출 15:10)로 표현한다. 바람 혹은 영이 일어나 홍해라는 현장의 주인이 하나님이심을 선언하고 위기에 빠진 이스라엘을 구출하신다. 물이 한곳으로 모이도록 한 창조의 영과 다를 바가 없는 영의 역사이다. 사사들에게 임한 영과 이사야 선지자가 제시하는 다윗의 씨에게 임할 영과 여호와의 종에게 임한 영은 전쟁과 포로라는 어려운 상황에서 다윗의 언약을 성취하여 하나님 나라를 이루는 구속의 역사를 보장한다. 결국 예수님에게도 영이 임하였고, 오순절에는 교회에 임하였다. 오순절에 임한 성령은 하나님의 구원이 교회를 통해 주의 이름을 부르는 모든 사람에게 임하는 나라를 세우신다는 증거이다.

이제 에덴 동산으로 돌아오자. 뱀의 간교함이 득세한 에덴에 영이 있다는 것은 하나님이 여전히 에덴의 주인이라는 선언이다. 주인이신 하나님께서 질서가 깨진 일, 선악과를 지키지 못한 일에 대해 책임을 추궁하시고 심판하시면서 에덴을 정화하고 생명나무를 지키신다. 하나님은 자기 영역의 주인으로서 에덴을 거니신다. 자신을 피해서 숨은 사람들을 찾으신다. 아담을 부르신다. "네가 어디에 있느냐?" 땅의 주인이 경작하고 지키도록 둔 동산에서 자기의 사람들이 무엇을 하고 있는지 찾으신다. 아담은 하나님의 소리를 듣고 피하여 숨는다. 그 자리에 적합한 모습이 아니기에 숨는다. 벌거벗음이 부끄럽기에 무화과나무 잎으로 가리고 자기들을 찾는 하나님을 피하여 숨는다. 하나님은 가리고 숨은 자들을 부르셔서 저들의 삶을 회복하는 길로 인도하신다.

책망과 회복

선악과를 먹은 후 하나님은 땅이 너(남자)로 인해서 저주받는데, 가시와 엉겅퀴를 낼 것이고 그 가시와 엉겅퀴를 제거하기 위해서 수고하여야 그 소산을 먹거리로 먹을 수 있다고 하신다. 땀 흘려 수고하고 고생해야 열매를 먹을 수 있다. 죄가 있는 세상, 가릴 것을 가려야 하는 세상, 에덴 밖의 세상에서 사람들에게 먹거리가 주어진다. 수고의 땀을 흘려야 고생의 떡을 먹는다.

수고의 땀을 흘리지 않는 삶은 인간의 현실을 외면한 삶이다. 수고와 땀, 고생과 눈물의 떡을 먹으면서 사람들은 지켜야 할 삶의 길을 걸어야 한다. 남자의 땀 흘리는 수고와 여자의 생산하는 고통은 살아야 할 이유를 제공한다. 편한 삶, 풍족한 삶만을 추구하는 것은 정상적인 모습이 아니다. 땀 흘리는 수고와 아이를 낳은 큰 고통은 선악과를 먹은 결과이다. 남의 먹거리를 탐낸 결과이다. 고통과 수고는 우리가 자신만을 위해서 사는 존재가 아니라는 사실을 알려준다. 가족과 이웃을 위한 삶을 살아야 한다. 그리고 우리는 흙으로 돌아간다. 땅에서 남기거나 가지고 가려고 하지 말라는 뜻이다. 같이 먹기 위해서 수고하고 이웃의 삶을 지키는 일에 힘쓰면서 살다가 흙으로 돌아간다. 수고하고 지킬 때 새로운 생명의 길이 열린다.

하나님은 여자에게도 형벌을 내리신다. 임신하는 고통을 크게 더하시고, 남편과 갈등해야 한다고 선언하신다. 임신하는 고통은 생육하고 번성하라는 하나님의 창조 의지를 보존하는 것이다. 단지 고통을 크게 더하였다. 원래 아이를 낳는 일에는 고통이 있는데 이 일에 고통을 부각하셨다. 남편과의 관계에서도 서로 다스리고 지배하려는 갈등이 있어야 한다고 선언하신다. 이것은 아담이 여자의 말을 듣고 따름으로 함께 선악과를 먹은 사건을 기억하는 것이다. 선악과를 먹는 일에 갈등이 있어야 한다. 즉 하나님의 말씀을 지키는 일에 갈등을 가짐으로 그 가정이 뱀의 속임수에 넘어가지 않는다.

아이를 낳는 고통의 더해진 것도 선악과를 따 먹은 결과이다. 남의 먹거리를 먹은 결과, 지킬 것을 지키지 못한 삶이 주는 결과가 다음 세대를 얻는 출산이라는 복된 순간에 각인하신다. 생명을 가진 인간은 홀로 살지 못한다. 남을 위해 함께 돕고 사는 인생이다. 다른 사람의 먹거리를 지키고, 이것을 지키기 위해서 때로는 갈등해야 한다. 탐욕과 욕심, 자신만을 위한 이기적인 삶을 살아서는 안 된다. 거기서 생명의 길, 하나님이 주인이 되는 세상으로 다시금 돌아가는 길이 열린다. 샬롬.

뱀과 원수됨

뱀에 대한 형벌

남자와 여자는 형벌 혹은 저주를 잘 받으면 회복의 길을 여는 열쇠가 된다. 저주가 복으로 전환된다. 남자는 하나님이 주신 여자에게 책임을 미루고, 여자는 뱀이 속여서 선악과를 먹었다고 책임을 미뤘다. 하나님은 이제 뱀에게 말씀하신다. 뱀에 대한 하나님의 말씀은 앞에서 살펴본 창세기 3장 9-21절의 구조에서 중심(C)에 해당하는 부분이다. "네가 이렇게 행하였다"에서 '이렇게'는 여자를 속임으로 사람들이 선악과를 먹도록 한 사실이다. 하나님은 뱀에게 선언만 하신다. 남자와 여자에게는 질문하지만 뱀에게는 더 이상의 책임을 묻지 않는다. 뱀은 기어다니고 사는 동안 흙을 먹을 것(C')이다. 이것은 뱀에 대한 저주와 형벌이다. 뱀은 원래부터 기어다녔을 것이다. 기어다니기 때문에 흙을 먹었을 것이다. 무지개가 원래 있었지만 노아 홍수 뒤에 언약적인 의미를 가진 것과 비교할 수 있다.

흙을 먹는다는 것은 땅이 저주받는 것과 땅에서 가시와 엉겅퀴가 나는 것, 그리고 흙으로 돌아가야 하는 남자의 저주와 관계가 있다. 뱀이 실제로 흙만을 먹지는 않는다. 흙을 먹는다는 것은 저주받은 삶을 유지한다는 표시이다. 죽은 후에 흙으로 돌아가는 삶과 흙을 먹는 것은 죽음을 먹고 사는 뱀의 정체성을 표현한다. 먹으면 반드시 죽을 것이라고 말씀하신 내용을 바탕으로 뱀이 선악과를 먹게 한 결과 선악과는 죽음의 열매가 되었고, 그 저주받은 결과를 먹고 사는 것이 뱀의 정체성이 되었다.

뱀이 저주받은 자리는 죽음과 연결되었다. 뱀은 여자와 원수가 된다. 이는 뱀의 모든 수고가 물거품이 되었다는 것을 말한다. 뱀은 사람을 속여서 그들이 하나님의 편이 아니라 자신의 간교함의 지배를 받도록 했다. 하나님은 뱀이 에덴을 차지하도록 허락하지 않으신다. 하나님의 영이 임하여 사람들을 뱀의 간교함에서 벗어나는 길을 만드신다. 남자와 여자에 이어서 뱀이 여자와 원수가 되게 함으로 사람을 다시금 하나님의 편으로 돌아오는 길을 만드셨다.

뱀이 여자와 원수됨은 남자와 여자의 갈등과 비교할 수 있다. 남자가 여자의 말을 따라서 선악과를 먹는 일에 하나가 됨으로 생긴 일치를 깨는 갈등이다. 유혹과 죄가 있는 곳에 갈등이 있어야만 한다. 그래야 그곳에 건강함이 존재할 수 있다. 뱀과는 갈등을 넘어 원수됨이 있을 것이라고 말씀하신다. 창세기 3장 15절을 소위 원시 복음이라고 부른다. 뱀이 저주를 받는 것이 왜 복음인지 질문할 수 있다. 또한 원시 복음이라고 하면 여자의 후손이 뱀의 머리를 밟는 결정적 승리 선언만을 연상하기도 한다. 그러나 복음은 뱀과의 원수됨 자체에서 발생한다. 하나님이 이런 원수 관계를 만드셨다. 하나님이 주도적으로 뱀과 여자, 즉 사람이 뱀과 원수가 되어 다시 하나님의 편으로 돌아오고 하나님의 말씀에 순종함으로 그 말씀을 지키는 길을 여셨다. 하나님은 뱀의 수고를 헛된 것으로 돌리셨다. 뱀은 자신의 모든 간교함을 동원해 힘들여 설득한 그 사람을 자기의 수하에 두지 못하고 원수가 되어 피 터지게 죽기까지 싸워야 한다. 이 둘의 관계는 원수이기 때문이다. 뱀의 형벌이 사람들에게는 복음이 된다.

뱀과 원수가 되는 대상을 여자로 지명한 것은 뱀이 여자를 직접 유혹한 사실에 근거한다. 여자로 대표되는 사람과 원수가 된다는 말이다. 뱀의 간교함은 선악과를 먹게 한 것이기에 남의 먹거리를 남겨 두지 않고 지키지 않도록 했다. 뱀과 원수가 되었다는 말은 하나님이 보시기에 좋은 선한 세상으로 돌아가는 길이 열렸다는 뜻이다. 사람은 남의 먹거리를 지키고, 다른 사람의 삶을 돕는 도우미로서 상호 호혜와 환대의 관계를 만들어 가도록 초청을 받았다. 뱀의 간교함이 속임인 것을 깨닫고 여자가 아이를 낳으면서 지켜야 할 하나님의 명령을 지키는 삶을 살 때 하나님이 보시기에 좋은 세상이 열린다.

구속사와 먹거리

뱀과의 원수 관계는 한 세대만의 과제가 아니다. 창세기 3장 15절은 시간이 흐르면서 지속적으로 원수 관계가 진행되도록 선포되었다. 사람들은 뱀의 간교함을 지속적으로 거부하고 원수됨을 유지하는 삶을 통해 하나님의 형상으로 산다. 하나님은 선악과를 먹지 않고 지켜야 할 삶을 지키도록 하셨다. 하나님은 남의 먹거리를 욕심내지 않아도 살아갈 수 있는 세상을 유지하신다.

창세기 3장 15절 한 절에 구속에 대한 구약과 신약의 많은 내용을 담으려는 시도들이 있었다. 가능할 수도 있다. 그러나 이 말씀의 관심은 뱀의 간교함이 주는 억압과 속임에서 하나님은 즉각적으로 구출하시는 일을 하셨다는 사실이다. 뱀의 후손과 여자의 후손 사이에 원수 관계가 지속된다고 선언하신다. 여자의 후손은 사람들이다. 뱀의 후손은 누구인가? 신약성경은 창세기의 뱀을 옛 뱀이라고 부르고, 용이나 사탄과 마귀라고 부른다(계 20:2). 뱀의 후손은 뱀의 물리적인 새끼라기보다는 뱀이나 사탄의 무리로 본다. 사탄과 마귀가 있고, 그 밑에는 귀신들, 악한 영들이 있다. 물론 뱀의 편에 속한 사람들을 포함할 수 있다.

여자의 후손과 뱀의 후손과의 적대 관계는 시간을 두고 지속되도록 하셨다. 시간이 흐름에도 이 관계를 지속하게 만드시는 하나님의 구속 사역의 증거가 노아의 등장이다. 그 증거는 그분이 셈의 하나님이 되시어 아브라함을 부르는 장면에서 나타난다. 창세기 끝에는 요셉이 등장하여 온 세상에 먹거리를 해결하는 역할을 한다. 선악과를 지키는 삶의 실체를 보여준다. 이렇게 지속되는 적대 관계에서 구속사의 흐름을 본다.

바벨론의 포로가 된 소년들인 다니엘과 세 친구는 왕의 진미와 포도주가 아니라 채소와 물을 먹기로 한다. 왜 이런 일이 벌어지는가? 이사야가 말한 종말론적 나라의 회복을 소망하는 고백적 표현이다. 이상적 동물원을 통해 드러난 사자가 소처럼 풀을 먹는 시대를 꿈꾸면서(사 11:7) 다니엘과 친구들은 고기를 거절하였다. 남의 먹거리를 침략하고 약탈하는 제국적 이데올로기에 반기를 들면서 약속의 선한 세상을 꿈꾸었다(단 1). 실제로 느부갓네살이 소처럼 풀을 먹기도 한다(단 4:25, 33). 가난한 자를 긍휼히 여기면서 세상에 먹거리를 공급하는 왕이 될 것을 말한다(단 4:27). 여기에 그치지 않고 이스라엘이나 유다가 포로로 끌려갔다가 돌아오는 회복은 먹을 것이 풍성한 시대로 그려진다. 특히 곡식의 소출이 풍성한 시대이다(사 65:21, 겔 47:12, 호 14:5-8, 욜 3:18, 암 9:14, 학 2:19 등).

욕심과 탐욕으로 불의를 행하며 가난한 자들을 억압하는 세상은 망할 것이다. 이스라엘과 유다가 그렇게 망했다. 그러나 죄를 용서받은 후 도래할 새 언약의 시대는 먹을 것이 풍성하여 다 같이 함께 사는 세상으로 회복된다.

여자의 후손과 뱀의 후손 사이에 벌어지는 싸움은 구속사의 진행을 예견한다. 세상은 뱀의 의도대로 움직이지 않는다. 뱀은 에덴을 자신의 놀이터로 만들고 싶어 했지만 에덴에서 축출된다. 에덴 밖도 뱀의 놀이터가 되지는 않는다. 뱀은 여전히 사람들이 남의 먹거리를 지켜 주는 존재가 되기보다는 약탈하고 빼앗는 삶을 추구하도록 만들지만 뱀의 후손과 원수됨을 지켜 내는 욥과 같은 사람들이 있다. 바벨론 제국의 음식을 거절하는 다니엘과 친구들이 있다. 그러기에 세상은 하나님의 나라로 가는 길이 된다. 이것이 구속사의 진전이다.

원수됨의 끝

창세기 3장 15절은 뱀과 여자의 후손의 싸움이 시작되었고 역사를 통해 계속되며 그 결국을 향해 치열하게 달려갈 것을 말한다. 여자의 후손은 뱀의 머리를 밟고 뱀은 그의 발꿈치를 상하게 한다. 원수는 서로 피를 흘리기까지 싸운다. 결국 사람이 뱀의 머리를 밟고 뱀은 그의 발꿈치라도 상하게 하는 혈투가 벌어진다. 여기서 여자의 후손을 메시아, 곧 예수 그리스도로 보는 기독론적 이해가 발전하기도 한다.

여자의 후손이자 하나님의 아들인 한 사람이 뱀을 박살 내는 결론을 성경 전체에서 도출한 것을 원시 복음이라고 부르기도 한다. 거시적으로 좋은 해석이지만, 본문은 여자의 후손이 죄와 뱀과 싸움에 결코 실패하지 않을 것을 약속한다. 뱀도 발꿈치를 물며 완강히 저항하지만 하나님이 뱀을 이기도록 개입하신다. 최종적으로 온전하게 개입하신 사건이

십자가와 부활이다.

창세기를 하나의 책으로 볼 때 창세기는 여자의 후손인 사람과 뱀과의 원수됨이 만드는 갈등이다. 먹을 것을 놓고 벌이는 한판 승부이다. 뱀에게 철저하게 승리를 한 사람이 창세기의 마지막에 나오는 요셉이다. 요셉은 악을 선으로 바꾸시는 하나님을 믿었다(창 50:20). 악이 만들어 내는 죽음과 기근, 재난의 공격을 받지만 악을 선으로 바꾸는 하나님의 지혜가 이것을 넉넉히 극복한다. 7년 기근이 요셉의 지혜를 이기지 못한다. 요셉은 애굽을, 팔레스타인의 가족을, 근동을 먹여 살린다.

창세기는 먹거리를 같이 먹는 세상을 선한 세상으로 본다. 반대로 악한 세상은 혼자만 먹는 세상이다. 돕는 것을 포기한 삶이다. 같이 살아야 할 세상을 만들어 가는 것이 선함이다. 요셉은 악을 멀리함으로 선한 것을 만들었다. 형들과의 삶에서, 보디발의 집에서, 감옥에서, 그리고 애굽의 총리실에서 어디서든지 그는 함께 살고 함께 먹는 세상을 만들었다. 이것이 여자의 후손이 뱀의 머리를 짓밟는 본질적 증거이다. 탐욕이 지배하는, 이기적이고 힘과 권력이 사적 이익에 함몰되는 세상에서 다른 사람을 먹이고 살리는 지혜, 하나님의 구원 역사를 이루는 지혜는 하나님의 말씀을 순종하고, 지키는 것이다. 잠언은 지혜로운 의인이 생명나무의 열매를 맺는다고 선언한다(잠 11:30).

뱀은 자신의 뜻대로 에덴을 접수할 수 없었다. 에덴의 사람들을 자기

편으로 온전히 데리고 올 수 없었다. 뱀의 모든 노력은 헛되고 원수됨으로 결론지어졌다. 창세기는 사람이 하나님의 말씀을 지킴으로, 즉 이웃의 먹거리를 지켜 내는 선함으로 악을 이길 수 있다는 증거를 보여 준다. 하나님이 주신 기회와 은혜를 따라서 그 명령을 지키는 삶에서 생명의 길이 생긴다.

창세기 3장 9-21절의 구조는 대칭 구조이다. 대칭 구조의 강조점은 가운데에 핵심이 있다. 남자와 여자는 뱀을 알아차리고 뱀과의 원수됨을 유지하면서 땀 흘리는 수고와 아이를 얻는 고통에 담긴 하나님의 의지, 즉 다른 사람과 함께 먹고 돕고 사는 세상으로 나아가는 삶을 날마다 결단해야 한다. 때로는 남자와 여자가 갈등하면서 선에 대한 열심, 지켜야 할 것을 지키는 삶을 수행할 때 에덴 밖에서 에덴의 생명나무가 주어진다. 샬롬.

30
장

하와와 가죽옷

하와라는 이름 - 생명을 회복하는 삶

  남자와 여자, 그리고 뱀의 순서로 책임을 추궁하면서 뱀, 여자, 남자의
순으로 형벌이 주어졌다. 모든 형벌 혹은 저주가 선언된 이후 남자는 자
기 아내의 이름을 하와라 부른다. 하와의 뜻은 생명이다. 남자는 왜 생명
이라고 했을까? 선악과를 따먹고 무화과나무 잎으로 가리고, 하나님을
피하여 숨은 자신들을 찾아오셔서 행한 하나님의 일련의 형벌들을 듣고
난 뒤에 사람이 보인 첫 반응은 생명이라고 이름 짓는 것이었다.

  아담이 아내를 향하여 이름을 생명, 즉 하와라고 부른 것은 다시 찾아
온 회복의 시간을 축하하고 고백하는 것이다. 속아서 뱀의 간교함에 끌

려다니는 인생이 아니라 하나님과의 관계가 회복되어 하나님의 선한 뜻을 다시 품고 생명을 가진 삶이 가능함을 깨닫는 탄성이다. 또다시 찾아온 생명이다. 선악과를 따 먹은 책임자로 지목한 대상이 아니라 함께 하나님의 생명을 누리는 돕는 자로 회복되었음을 말한다. 새롭게 열린 하나님과의 풍성한 생명의 길은 서로 돕고, 다른 사람의 먹거리를 존중하는, 곧 선악과를 따 먹지 않고 뱀과 원수가 되는 삶이다.

산 자의 어머니

하와 혹은 생명이란 이름은 하와를 모든 산 자의 어머니가 되게 만들었다. 하나님은 비록 선악과를 따 먹은 인간이지만 이들을 회복시키셔서 하나님이 원하시는 세상의 역사를 지속하시려는 의지를 보여 주신다. 이미 여자의 후손과 뱀의 후손이 원수됨을 통해 구속사의 진행이 드러났다. 뱀과 원수된 삶을 사는 여자의 후손들은 생명을 가진 자들이 된다.

산 자의 어머니라는 말은 해산의 고통을 기억하면서 아이를 낳는 것이 생명의 역사임을 말한다. 아이들은 이기적으로 남의 것을 빼앗는 훈련이나 하면서 살기 위해 태어나지 않는다. 죽음이 아니라 생명의 역사를 위해 태어난다. 서로 돕고 서로의 먹거리를 챙기고 선한 일에 힘쓰는 사람들이 지속해서 일어난다는 약속이다. 산 자의 어머니가 된다는 말은 에덴에 다시 찾아온 생명의 지속성을 확인해 준다.

가죽옷을 입히시는 하나님

아담이 아내의 이름을 하와(생명)라고 고백한 뒤에 하나님은 사람들에게 가죽옷을 입히신다. 가죽옷은 선악과를 먹은 후에 눈이 밝아짐으로 벌거벗음을 가리기 위해 사용한 무화과나무 잎을 대신한다. 무화과나무 잎으로 만든 것이 거의 일회용이라면 가죽옷은 지속해서 효력을 가진다.

가죽옷은 사람들이 선악과를 따 먹었다는 사실을 확인해 준다. 선악과를 따 먹었기에 변화가 나타났다. 벌거벗은 상태가 부끄럽다는 사실을 인정하는 것이다. 부끄러움은 죄의식이다. 죄의식이지만, 성적인 수치심으로만 보는 것은 문제를 너무 단순하게 만든다. 에덴의 질서 전체가 죄로 왜곡되었다. 가죽옷은 그들의 범죄를 기억하게 하고 남의 먹거리를 탐내는 인간의 탐욕스러운 현실을 말해 준다.

나아가 선악과를 따 먹은 죄를 가려야 할 필요를 말한다. 죄를 고발할 뿐만 아니라 죄를 해결하는 길을 제시한다. 가죽옷은 벌거벗음을 가린다. 부끄러움을 가림으로 사람들의 관계가 정상적으로 유지된다. 가죽옷은 무화과나무 잎이 가진 짧은 유효기간을 길게, 거의 영구적으로 늘려 주었다.

가죽옷은 짐승의 희생을 전제한다. 짐승의 희생은 제사이다. 다음 장인 창세기 4장에 가인과 아벨의 제사가 나온다. 짐승의 희생으로 드리는 제사는 죄를 가리거나 속죄하는 수단, 하나님과 사람과의 관계를 회복하며 화목하게 하는 수단이다. 가죽옷은 인간의 죄를 가리는 짐승의 희생과 제사를 정당화한다.

뱀의 간교함이 있는 곳, 탐욕과 남의 먹거리를 약탈하는 삶에는 죄를 가리는 가죽옷이 필요하다. 가죽옷은 위선적인 삶의 수단이 아니며, 적당히 가리고 죄를 짓도록 허락하는 것이 아니다. 가림을 통해 본질적으로 서로의 먹거리를 위해서 탐심을 버리고 서로 돕는 원래 하나님의 형상으로 살도록 초대하시는 하나님의 복음이다.

이사야 시대는 제사는 드리면서 여전히 탐욕을 부리는, 즉 제사가 탐욕의 값싼 면죄부가 되었던 시절이었다. 이사야 1장은 다음과 같이 말한다. "너희가 무수한 제물을 가지고 오지만 아무 유익이 없다. 헛된 제물일 뿐이다. 성회와 아울러 악을 행하는 것을 내가 견디지 못하겠노라. 악한 행실을 버리라. 선행을 배우며 정의를 구하며 학대받는 자를 도와주며 고아를 위하여 신원하며 과부를 위하여 변호하라(사 1:11-17 요약)."

가죽옷이 제사를 의미한다면 제사를 드리는 자는 다른 사람의 삶과 필요에 부응하는 삶을 살아야 한다. 죄를 가리는 것은 적극적으로 선을 행해야 하고 다른 사람의 먹거리를 지켜주는 삶을 살아야 한다는 의미이다. 가죽옷이 참된 복음이 된다.

하와 혹은 생명이 다시 찾아왔다는 하나님의 은혜에 대한 고백은 가죽옷으로 보장되었다. 뱀의 간교함이 지배하는 어두운 삶이 계속되지 않고 하나님의 생명 안에서 사는 삶으로 다시 초대받는다. 가죽옷으로 생명이 찾아온 자리를 확인할 수 있다. 하나님은 뱀의 간교함, 남의 먹거리에 대한 욕심, 탐욕, 그리고 죄로 인한 부끄러움을 가죽옷으로 가려 주시면서 선으로 초대하신다. 다시 사람을 하나님이 창조하신 선한 세상으로 보내신다. 샬롬.

경작과 지킴

에덴에서 추방하는 이유

하나님은 사람들을 에덴 밖으로 내보내신다. 그 이유를 살펴보자.

> 이 사람이 선악을 아는 일에 우리 중 하나 같이 되었다
>
> 그래서 그가 손을 들어 생명나무 열매도 따 먹고 영생할까 하노라
>
> 그리고 에덴에서 그를 내보내신다(창3:22-23, 저자역)

인간은 선악을 아는 일에 하나님과 같이 되었다. '우리'는 하나님의 영과 하나님과의 관계성을 보여준다. 그리고 선악을 판단하는 주체자로서 인간됨을 확인한다. 인간이 선악을 아는 방식과 하나님이 선악을 아는

것은 다르다. 인간이 선악을 아는 방식은 뱀의 간교함에 기댄다. 남의 먹거리를 남기지 않는 방식이다. 자기의 필요가 중심이 된다. 돕는 이로 함께 사는 세상을 만드는 방식이 아니라 다른 사람을 나의 필요에 이용하는 방식이다.

앞에서 살펴본 것처럼 저주를 통해 뱀의 간교함에 지배당하는 앎에는 제한이 필요하다. 남자의 수고의 땀, 흙으로 돌아감, 여자의 해산의 고통, 남자와 겪을 필연적인 갈등, 뱀과 여자의 원수됨 같은 사건들이 뱀의 간교함에 떨어진 죽음의 현실을 생명으로 견인하는 복음적 도구들이다. 하나님은 인간이 뱀의 간교함으로 얻은 지식으로 생명나무도 손을 댈 것으로 판단하셨다.

생명나무는 다른 사람의 먹거리를 지켜 내는 자들에게 주어지는 상급과 같다. 경작하고 지키는 삶을 살아 낸 증거는 생명나무의 열매를 먹는 것이다. 성례전적 의미를 가진다고도 말할 수 있다. 그러나 타락한 인간, 남의 먹거리에 손을 댄 인간은 명령을 지키지 못했기에 생명나무의 열매를 먹을 자격을 상실했다.

하나님은 에덴에 사람을 두시고 경작하고 지키게 하셨다. 경작하는 일은 진행되었지만 지키는 일은 실패했기 때문에 인간은 에덴에서 더 이상 살 수 없다. 비록 인간은 실패했지만 하나님이 창조하신 세상을 선하게 만드시려는 일은 계속된다. 뱀의 간교함에서는 벗어났지만 에덴에서의 프로젝트는 종료된다. 하나님은 인간에게 뱀의 간교함이 지배하는 현실이지만 여전히 생명을 누리면서 하나님의 선한 뜻을 이루는 삶을 사는 새로운 장소를 제시하신다. 에덴에서 추방되었다. 에덴에서 추방된 것이 무조건 나쁜 것만은 아니다. 인간은 에덴에서의 실패를 기억하면서 그것을 딛고 새롭게 시작하는 삶의 자리로 초대받았다. 추방은 다시 시작하는 것이다.

에덴에서 추방되면 생명나무의 열매를 영원히 먹지 못하는가? 앞의 글에서 잠언은 다양한 경우에 생명나무를 언급했다. 요한계시록은 에베소교회 성도들에게 이기는 자는 낙원에 있는 생명나무의 열매를 먹을 것이라고 약속한다. 에덴에서 지키는 일에 실패한 사람들은 생명나무의 열매를 먹을 수 없다. 그러나 영원히 먹지 못하는 것은 아니다. 하나님은 뱀의 간교함이 만든 죽음에서 벗어나 생명을 누리는 길을 열어 주셨다. 이제 에덴 밖에서 그 말씀을 간직하고 지키면서 새롭게 생명나무의 열매를 먹을 수 있다. 사람은 새로운 삶의 자리에서 첫 번째 실패가 준 상처를 가슴에 담고 기억하면서 생명의 길로 나아가고, 고난과 갈등, 원수됨을 유지하면서 뱀의 간교함을 극복하고, 원래 지음을 받은 돕는 이의 삶, 남의 먹거리를 지키는 삶, 경작하고 지키는 삶을 이루어 내는 참된 하나님의 형상으로 살아갈 때 생명나무의 열매를 먹을 수 있다.

에덴 밖 새로운 자리에서 주신 두 가지 말씀 - 경작하고 지키는 삶

하나님은 에덴에서 실패한 사람들을 내보내신다. 비록 실패했지만 다시 일으켜서 생명과 가죽옷을 입혀 보내신다. 깨진 관계를 회복하여 다시 시작하도록 새로운 삶의 자리로 초대하신다. 하나님은 사람들을 에덴 동산에서 내보내시면서 그들의 근원이 된 땅을 갈게 하신다(창 3:23). "갈다"라는 말은 경작한다는 말, 아바드(עבד)와 같다. 사람을 에덴에 두실 때와 다르지 않다. 에덴 밖에서의 삶은 여전히 경작하는 삶이다. 그들은 땅을 일구고 살아야 한다. 하나님은 사람을 땅에서 취했다는 말을 남기신다. 땅에서 일하는 삶을 살면서 수고의 땀을 흘리고, 흙으로 돌아가는 삶인 것을 기억하라는 말씀이다(창 3:17-19). 이 사실을 잊어서는 안 된다. 수고의 땀과 흙으로 돌아가는 인생은 남의 먹거리를 탐하여 다시 뱀의 간교함에 빠져들지 말라는 경고와 함께 주어진 삶이다. 에덴에서나 밖에서나 경작하는 삶이 계속된다.

또한 지키는 삶을 살아야 함을 보여 준다. 하나님께서는 에덴 동산의 생명나무 길을 지키도록 동산 동쪽에 그룹들과 두루 도는 불칼을 두셨다. 생명나무의 길을 지키는 것은 에덴에 처음 사람을 둘 때 지키도록 한 것과 같은 단어인 샤말(שמר)이다. 생명나무의 길을 지킨다는 것은 에덴으로 진입을 막으신 것이다. 이것은 에덴에서 지키지 못한 삶을 기억하게 하는 장치이다. 지켜야 할 것을 지키지 못한 삶으로 사람은 에덴으로 들어가서 생명나무를 먹을 수 없다. 그러나 부정적으로만 볼 것이 아니다. 적극적인 해석이 가능하다. 에덴 밖에서 에덴으로 들어가 생명나무를 따 먹으려고 애쓰지 말고, 에덴 밖에서 생명나무의 열매를 먹는 길을 찾으라는 신호이다. 어떻게 하면 에덴 밖에 있는 생명나무의 열매를 먹을 수 있을까?

먼저 에덴으로 들어가서 먹으려는 노력을 중단해야 한다. 에덴 밖에서 열매를 찾아야 한다. 에덴 안에서 선악과를 따 먹은 결과로 주신 말씀들이 있다. 에덴 안에서 지켜야 할 것은 하나님의 명령이었다. 마찬가지로 에덴 밖으로 나오면서 하나님이 주신 말씀들, 명령들이 있다. 남자는 경작하면서 수고의 땀을 흘리고, 흙으로 돌아가는 인생임을 깨닫고 남의 먹거리에 욕심을 부리지 않아야 한다. 여자는 해산의 고통과 남자와 정당한 갈등을 통해 바른 먹거리를 찾고 살아야 한다. 어설픈 일치가 아니라 갈등하면서 하나님의 선한 길을 찾아가야 한다. 남자와 여자가 함께 자녀를 낳는 기쁨과 기르는 과정에서 남의 먹거리를 지키는 하나님의 선한 길을 찾기 위해 끊임없이 갈등해야 한다.

무엇보다 뱀과 원수됨을 기억하면서 살아야 한다. 하나님과의 관계에서 하나님의 영이 주는 다스림을 받으면서 하나님의 형상답게 살아 내는 삶이 지키는 삶이다. 서로 돕는 존재로 양육하며 수고하며 성장하고, 빈손으로 왔다가 빈손으로 가는 인생임을 알고 움켜쥐지 말고 서로 나누는 선한 삶이 지키는 삶이다. 뱀의 간교함이 주는 탐욕, 남의 먹거리를 빼앗는 즐거움을 포기하기 위해서 하나님의 말씀을 붙잡고 하나님과 교제하며 살아가는 삶은 얼마나 소중한 일인지 모른다. 이것이 가죽옷을 지어 입히신 하나님의 뜻이다. 하나님과의 관계를 유지하는 제사를 드림으로 자신의 탐욕과 수치 그리고 남의 먹거리에 대한 욕심을 버리는 일이 가능하다. 제사를 통해 욕심을 내려놓고, 하나님의 선한 세상을 꿈꿀 수 있다.

에덴 밖의 삶은 에덴의 삶과 다르지 않다. 우리는 수고하는 삶, 지키는 삶으로 초대를 받고 있다. 남의 먹거리를 지키는 삶은 그것 자체로 선한 삶이다. 이를 위해 우리의 약함을 가리는 가죽옷, 즉 제사를 만들어 주시면서 은혜를 주신다. 샬롬.

32
장

불칼과 그룹

불칼과 그룹들의 역할

선악과를 먹은 인간들은 에덴에서 생명나무의 열매를 먹지 못하지만 에덴 밖에서 생명나무의 열매를 찾아야 한다. 이를 위해서 하나님은 에덴으로 들어가는 길을 막으시고 불칼과 그룹들을 두신다. 그룹들은 지키는 존재들이며, 두루 도는 불칼은 무기이다. 그룹은 천사의 한 종류이다. 성경에 여러 천사가 나온다. 가브리엘, 미가엘, 그룹, 스랍 등이다. 가브리엘은 전령의 역할을 한다. 마리아, 사가랴에게 나타나 소식을 전달한다. 미가엘은 다니엘서에 군대 장관으로 등장한다. 스랍은 찬송하는 군악대나 찬양대와 같고(사 6장), 그룹은 경호대와 같다. 성막과 성전 안에 수놓거나 그려져 있다. 그룹은 왕의 자리를 지키는 역할을 하는데, 에덴 이후에 성막 및 성전과 관련해서 지키는 역할로 등장한다. 이런 특징으로 에덴을 성전으로 해석하기도 한다.

타락한 그룹과 두로 왕(겔 28장)

에스겔 선지자는 두로 왕을 범죄한 그룹이라고 칭한다(겔 28:16). 두로 왕은 해상 무역을 통해 부를 쌓았다. 온 세상과의 중계무역을 통한 부의 축적이다(겔 27장). 그런데 부를 쌓는 일에 성공하면서 그의 마음이 교만으로 가득하다(겔 28:2). 자신을 신이라(2) 여기고, 나아가 강포를 행한다(겔 28:15-16). 강포는 폭력이다. 무역 거래에서 강포는 이윤의 극대화를 위한 협박이며 불의이다(18절). 이렇게 무역을 통해서 부를 쌓는 두로 왕의 모습을 성경은 지혜롭다고 평가한다.

마침내 그의 불의가 드러나서 에덴의 부유한 보석들 사이에서 떨어지고 망한다고 선언한다(겔 28:13, 16). 지키는 그룹들 사이에서 떨어졌다고 에스겔은 말한다. 이익만을 추구하다가 자신의 지혜로 떨어진 자가 그룹으로 표현된 두로 왕(14절)이다. 경제적 이윤을 극대화하기 위해서 불의와 강포를 행한 자이다. 이런 두로 왕의 지혜가 범죄한 에덴의 뱀의 지혜와 비교된다.

두로 왕의 지혜는 뱀의 간교함 혹은 지혜와 비교된다. 부를 쌓는 지혜이다. 이익을 극대화하기 위해 불의와 강포를 행하는 지혜이다. 독점 무역의 권리를 주장하는 폭력적 지혜이다. 이런 지혜는 남의 먹거리인 선악과를 따 먹도록 유혹하는 뱀의 지혜와 간교함에 맞닿아 있다. 상업적 이익을 추구하는 지혜가 종교적인 이유는 무엇인가? 무역에서 이익과 이윤은 신의 자리를 차지하면서 자신들의 행위를 절대적으로 정당하게 여긴다. 마찬가지로 종교는 이데올로기의 하나로 자신들이 행하는 현실을 정당화한다. 어느 시대나 세속적 탁월함, 특히 부의 축적이 보여 주는 것 같은 탁월함을 신의 자리로 추앙한다. 두로 왕을 떨어진 그룹으로 비유하는 에스겔 선지자는 바로 창세기 3장의 옛 뱀의 이미지로 두로 왕의 지혜를 경고한다.

에스겔 28잘을 통해서 옛 뱀은 타락한 것이 아니라 이익과 탐욕에 사로잡힌 그룹이라는 것을 알 수 있다. 인간이 타락해 남의 먹거리를 지켜 내지 못하고 뱀의 간교함에 이르게 된 것을 에스겔은 두로 왕의 지혜에 비유해 설명한다.

성막과 성전에 있는 그룹들

에스겔 선지자는 포로가 된 바벨론 그발 강가에서 환상 중에 한 생물을 본다(겔 1:1, 5). 그 생물은 그룹이다(겔 10:20). 그룹은 한마음으로 하나님의 영의 지도를 받아 그분의 뜻을 따라 일사불란하게 행한다. 성전 안에 있는 그룹들처럼 에스겔의 그룹은 하나님을 위한 수레가 된다. 하나님은 선지자 에스겔과 함께 수레를 타고 성전에서 떠나 바벨론으로 옮

겨가신다(겔 11:22-24). 예루살렘이 아니라 포로가 된 곳이 잠깐 성소가
된다(겔11:14).

그룹은 하나님의 보좌를 지키는 존재이며 하나님의 영광의 보좌 자체
가 된다. 성경은 언약궤 혹은 법궤를 하나님의 발등상이라고 표현한다
(대상 28:2, 시 99:5, 132:7, 애 2:1). 보좌에 앉은 하나님이 발을 두는 발
등상은 바로 언약궤이다. 언약궤 위에 있는 그룹들의 두 날개는 하나님
께서 좌정하시는 의자 역할을 한다.

하나님은 순종하는 그룹을 타고 예루살렘을 떠나신다. 하나님이 예루
살렘을 떠나시는 이유는 분명하다. 우상 숭배의 죄 때문이다(겔 8장). 우
상을 숭배하는 목적이 무엇인가? 우상숭배는 불의한 삶을 뒷받침한다.
하나님이 먹 그릇을 찬 사람에게 예루살렘 성읍을 두루 돌아 모든 가증
한 일로 탄식하는 하나님의 백성을 찾아 표시하라고 하신다. 하나님은
그들을 제외하고 심판하신다. 이 땅을 버리셨기 때문이다(겔 9:4, 9). 이
심판의 구체적인 내용이 무엇인가? 하나님의 떠나심이다. 하나님은 그
룹을 타고 바벨론으로 이동하신다(겔 11:23).

에스겔 11장은 예루살렘의 죄를 말한다. 백성의 고관들은 예루살렘이
가마가 되고 1차 포로로 잡히지 않은 예루살렘 거민은 고기가 되어서 가
마가 고기를 보호한다고 주장한다(겔 11:3). 하나님의 생각은 다르다. "이
성읍은 너희 가마가 되지 아니하고 너희는 그 가운데에 고기가 되지 아니

할지라 내가 너희를 이스라엘 변경에서 심판하리니(겔 11:11)"

왜 심판하시는가? 에스겔 11장은 여호야긴 왕이 포로로 사로잡힌 지 5년째 되는 해이다. 시드기야 왕 5년과 같은 말이다. 남 왕국 유다의 예루살렘은 시드기야 왕 제9년에 바벨론에 포위되고 제11년에 멸망한다. 완전히 멸망하기 전, 여호야긴 왕 때에 유다 백성은 이미 포로로 끌려갔다. 이때 먼저 포로로 사로잡혔던 자들이 바벨론 그발 강가에 머물고 있다. 거기서 에스겔 선지자가 사역하고 있다. 아직 포로가 되지 않은 예루살렘의 거민들은 자신들을 보호받는 자들이라고 생각한다. 반대로 포로가 된 자들을 저주받은 자로 간주한다. 예루살렘 거민들이 포로된 자들의 친척과 형제들을 쫓아낸다. "예루살렘 주민이 네 형제 곧 네 형제와 친척과 온 이스라엘 족속을 향하여 이르기를 너희는 여호와에게서 멀리 떠나라 이 땅은 우리에게 주어 기업이 되게 하신 것이라(겔 11:15)"

본문에서 "우리"는 예루살렘에 거하고 있는 자들이다. "우리"라고 표현된 무리는 바벨론에 포로된 자들과 그 집안이 기업을 얻을 자격이 없다고 주장한다. 그 이유를 예루살렘 성전으로 제시한다. 성전이 있기 때문에 예루살렘은 무너지지 않는다고 믿는다(겔 7:25). 그러나 하나님은 오히려 그룹을 타고 예루살렘 성전을 떠나려 하신다. 그러면서 예루살렘이 성전이 아니라 하나님이 가시고자 하는, 포로된 곳이 성소가 될 것이라고 선언하신다(겔 11:16). 예루살렘은 포로된 자들의 기업을 탐하는 욕심 때문에 멸망했다. 우상을 섬기기에 이미 기업의 개념이 무너졌다. 재산 외에는 가치가 없다. 여호와의 이름을 부르지만 실제로 하나님이 주신 기업이 보존되어야 하는 이유를 잊었고, 이를 위해 사람을 죽이기까지 했다(겔 11:6).

하나님은 함께 사는 세상을 만들도록 이스라엘에게 기업을, 희년을 주셨다. 에스겔 47-48장에서 기업 분배를 새롭게 하는 것은 함께 사는 세상의 회복을 말한다. 예루살렘은 탐욕이 지배하는 세상을 만들었고 그룹 위에 계신 하나님의 영광은 떠났다.

에덴에서 그룹은 생명나무의 길을 지킨다. 그룹은 성전과 성막에서 여호와의 통치를 지킨다. 그룹은 여호와의 통치가 구현되는 정의와 공평이 있는 세상을 보여 준다. 우리가 율법과 계명을 지켜서 의로운 세상을 만들어야 하는 것을 의미한다. 그러나 에스겔에서 하나님이 그룹을 타고 예루살렘을 떠나시는 광경은 예루살렘이 우상을 섬기며 탐욕이 지배하는 두로와 같은 세상이 되었음을 고발한다.

생명나무 길을 지키는 그룹은 불칼을 가지고 에덴을 떠나 새로운 삶을 사는 자들에게 웅변적으로 말한다. "서로 돕고 살아라. 남의 먹거리를 탐내지 말아라. 함께 사는 세상을 만들어라." 이것이 하나님을 섬기는 은혜로운 세상이다. 샬롬.

가인의 제사는 왜 열납되지 않았는가?

수고(경작)하는 삶

창세기 4장의 가인과 아벨 내러티브는 창세기 2장 4절로 시작되는 천지의 역사 단락에 속한다. 창세기 5장부터 아담의 역사가 시작되기 때문이다. 하나님이 창조하신 천지에서 일어난 일은 에덴의 창설과 선악과 사건 그리고 에덴 축출이 전부가 아니다. 에덴 밖에서 삶을 살아가는 아담 가족의 이야기가 있다. 에덴 밖에서도 경작하고 지키면서 생명나무의 실과를 먹는 길이 있다.

아담은 하와와 동침하여 차례로 아들을 낳는다. 가인과 아벨이다. 가인은 여호와로 말미암아 낳았다고 고백할 만큼 인상적인 자녀이다. 에덴 밖이지만 고통 중에 아이를 낳았으니 생명이라는 이름이 헛되지 않다. 부부는 이어서 아벨을 낳는다. 가인은 농사하는 자였고, 아벨은 양을 치는 자였다. 농사는 경작하는 삶을 그대로 반영한다. 양을 치는 것도 경작하는 수고이다. 양을 치는 것은 가죽옷을 지어 입히는 과정을 통해 양을 제물로 허락한 것이고, 또한 먹거리가 된다는 것을 의미한다.

에덴 밖에서도 아담 가족은 에덴에서처럼 경작한다. 수고는 단순하게 농사하고 목축하는 일로 그치지 않는다. 때가 되면 추수하고, 추수한 것을 가지고 하나님께 제물을 드리는 일까지 수고이다. 일반적으로 "수고하다"(아바드, עבד)는 종들의 일에도 사용되지만, 제사장이나 레위인들이 일하는 제사의 일과도 연결된다. 족장들은 제사장이 되어 제사를 드렸는데, 제사가 바로 섬기는 수고의 일이다(민 8:25-26). 따라서 곡식을 경작하고 추수하거나 양을 길러서 털을 깎는 추수의 때가 되면 아벨과 가인은 하나님께 제사를 드리는 수고를 한다.

"때가 지난 후에(창 4:3. 저자역)"라는 표현은 일정한 시간이 지난 후를 의미한다. '날들의 끝이 되었다'라고 번역할 수 있다. '끝'은 문맥에서 양을 치거나 경작하는 시점의 끝, 즉 추수기를 말한다. 가인은 땅의 소산으로 하나님께 제사를 드리고, 아벨은 양의 첫 새끼와 기름으로 제사를 드린다. 각기 자기가 수고하는 삶의 열매를 가지고 마지막 수고인 제사를 드린다. 이것은 가죽옷을 지어 입히신 하나님의 선하신 뜻을 반영하는 삶이다. 그런데 두 사람의 수고에는 차이가 있었다. 하나님은 아벨과 그 제물은 받으셨지만 가인과 그 제물은 받지 않으셨다. 왜 이런 차이가 일어났는가?

왜 가인은 아닌가?

가인의 제사가 피의 제사가 아니었기 때문이라는 주장이 있다. 피의 제사가 그렇게 중요했다면 반대로 아벨의 제사에 피라는 언급이 필요하다. 그런데 아벨의 제물은 양의 첫 새끼와 그 기름이다. 피의 중요성을 강조하려면 양의 첫 새끼와 그 피라고 해야 한다. 피가 생명이란 관점은(창 9:5, 레 17:14) 가인과 아벨의 이야기에서 아직 강조되지 않는다.

가인과 그 제물 그리고 아벨과 그 제물이라는 표현은 어떤 의미인가? 사람과 그 제물이 분리되지 않는다는 주장이다. 히브리서 기자는 이 관점에서 두 사람의 제사를 평가한다.

믿음으로 아벨은 가인보다 더 나은 제사를 하나님께 드림으로
의로운 자라 하시는 증거를 얻었으니 하나님이 그 예물에 대하여 증언하심이라
그가 죽었으나 그 믿음으로써 지금도 말하느니라(히 11:4)

믿음을 가진 아벨이 가인보다 더 나은 제사를 드렸다. 하나님은 그 믿음의 제사를 제물을 열납하여 확인해 주셨다. 히브리서 기자의 평가는 중요하다. 구약을 해석하는 하나의 지침이 되기 때문이다. 아벨의 제사

는 믿음으로 드린 제사이다. 아벨과 그 제물은 믿음으로 연결되었다. 그 결과 의로운 자(의인)라는 증거를 얻었다고 말한다.

히브리서 기자가 말하는 믿음은 11장에 언급된 인물마다 다른 함의를 가진다. 통칭해서 믿음이라고 할 수 있지만 각 시대 인물의 믿음의 내용은 다르다. 더 나은 제사가 되기 위한 믿음의 내용은 무엇인가? 믿음은 바라는 것들의 실상이고 보이지 않는 것들의 증거이다(히 11:1). 아벨을 비롯한 선진들이 이(믿음)로써 증거를 얻는다. 아벨은 의인이라는 증거를 얻었다. 그는 믿음으로 가인보다 더 나은 제사를 드림으로 의인이라는 증거를 얻었다. 더 나은 제사는 어떤 제사인가? 믿음으로 드린 제사이다. 이렇게 쳇바퀴를 돌면 안 된다. 아벨의 시대에 믿음은 어떤 내용이기에 그 믿음으로 제사를 드리면 의인이 되는지 질문해야 한다. 히브리서 11장 4절은 창세기 4장의 내용을 압축하여 한마디로 정리한 것이다. 히브리서 11장에서 기자는 역사 속에서 살았던 모든 참된 성도들이 믿음으로 살았음을 증거하려 했기 때문에 아벨을 말하며 논증한다.

창세기 4장에서 믿음은 구체적으로 어떤 것일까? 왜 믿음의 결과가 의인이 되는 것일까? 왜 가인의 제사는 열납되지 못했는가? 왜 가인의 제사는 믿음으로 더 나은 제사를 드리지 못했고 의인의 반열에 이르지 못했는가? 사도 요한이 가인을 비슷하게 평가했다는 점은 흥미롭다. 이것은 아벨의 의로움에 대한 증거이다.

가인 같이 하지 말라 그는 악한 자에게 속하여 그 아우를 죽였으니

어떤 이유로 죽였느냐 자기의 행위는 악하고 그의 아우의 행위는 의로움이라

(요일 3:12)

가인의 불의함

하나님이 가인과 그 제물을 받지 않자, 가인이 몹시 분하여 안색이 변했다. 이 사실은 저자의 설명을 넘어서 하나님의 직접 화법으로 확인된다. "네가 분하여 함은 어찌 됨이며 안색이 변함은 어찌됨이냐?(창 4:6)" 이에 대해서 하나님이 대답하신다. 창세기 3장에서 아담과 하와에게 질문하신 뒤에 단정하시는 것과 같은 형태이다. "네가 선을 행하면 어찌 낯을 들지 못하겠느냐? 선을 행하지 아니하면 죄가 문에 엎드려 있다."

이 말씀은 두 번이나 가인이 선을 행하지 않았음을 강조해서 선언한다. 왜 가인과 그 제물이 열납되지 않았는가? 열납되지 않아서 분하고 안색이 변한 이유는 선을 행하지 않았기 때문이라는 하나님의 선언이다. 앞에서 말한 것처럼 변했다는 말은 얼굴을 떨어뜨린다는 말이다. 얼굴을 드는 행위는 상호 신뢰와 은혜를 끼치는 행위이며 환대와 축복의 상태이다. 제사장의 축복에는 여호와가 그 얼굴을 든다는 표현이 두 번이나 나온다. 가인은 얼굴을 땅에 떨어뜨림으로써 여호와와의 관계를 깨뜨려 버린다. 이런 상황에 이르게 된 주요 원인은 선을 행하지 않았기 때문이다.

가인에게 요청되는 선이란 무엇인가? 선은 선악과에 나오는 선과 악의 대조점에 있다. 이미 창세기 1-3장을 통해 밝혀진 선이다. 바로 하나님이 보시기에 좋은 것(창 1:31)이고, 선악과의 선이 있다. 선을 행하지 않았다는 것은 경작한 산물을 가지고 다른 사람의 몫을 지키지 않았다는 것이다. 선은 다른 사람들의 먹거리를 지켜 내는 삶이라고 창세기 1장 29-31절에서 살펴보았다. 선악과는 바로 다른 사람의 먹거리임도 확인했다(창 2:16-7). 이런 문맥에서 가인이 선을 행하지 않았다는 하나님의 판단은 분명하다.

가인은 농사를 지었다. 그러나 농사로 거둔 것이 필요한 아벨이나 다른 가족들에게 먹거리로 충분히 제공되지 않았음을 의미한다. 수고, 즉 경작하는 삶과 지키는 삶의 균형을 이루지 못했음을 말한다. 단순히 일만 하는 수고의 삶만으로는 선을 이룰 수 없다. 지키는 삶이 계속되어야 한다. 지키는 삶은 생명나무를 지키는 그룹들을 통해서 알 수 있다. 지키는 삶, 다른 사람의 먹거리를 지키는 삶을 통해 생명을 누리고 살아갈 수 있다.

1966년에 제작된 <천지창조>라는 영화가 있다. 창조에서 아브라함이 이삭을 바치는 장면까지 다룬다. 이 영화에서 가인이 제사를 드리는 장면을 어떻게 묘사하는지 유심히 보았다. 가인은 곡식을 자루에서 부어 제물로 드리다가 다시 제물의 일부를 자기 자루에 넣는다. 이 영화의 해석은 어디에서 왔을까? 선을 행하지 않았다는 히브리어 본문에 대한 해석인가?

이 장면은 아마도 70인역에서 왔을 것이다.

> 네가 바르게 그것을 가지고 왔으나 바르게 나누지 않았다면
>
> 네가 범죄한 것이 아니냐?(창 4:7, 70인역. 저자역)

70인역 번역자들은 바르게 나누지 않은 것을 선을 행하지 않았다는 의미로 해석했다. 나 아닌 다른 사람과 먹을 것을 나누지 않은 사실은 선이 아니라 악이다. 이것은 창세기 1-3장의 선의 개념과 일치한다.

가인의 제사가 왜 열납되지 않았는지 결론을 내릴 수 있다. 가인은 믿음으로 제물을 드리지 않았다. 비록 수고의 결과를 하나님께 가지고 와서 제사를 드리는 수고를 했지만 그 결과물인 소산을 다른 사람과 나누지 않았다. 하나님은 이것을 인정하실 수 없었다.

하나님은 다른 사람의 먹거리를 우리의 소득에 포함시키셨다. 이것을 인정할 때 우리의 수고로운 삶은 의로운 삶이 된다. 의로움이란 질서에 합당하게 사는 것이다. 하나님이 창조하신 세상에 합당한 삶을 살지 못하면, 즉 남의 먹거리를 염두에 두고 지키면서 살지 않으면 의로운 사람이 아니다. 샬롬.

지키는 삶을 실패한 가인

선을 행하지 않으면 죄가 문에 엎드린다

가인은 자신의 제물이 하나님께 열납되지 않자 몹시 분하여 안색이 변했다. 얼굴을 땅에 떨어뜨리면서 하나님에 대한 적의를 표현한다. 이에 대해 하나님은 왜 분하고 안색이 변하는지를 물으신다.

가인은 답하지 않는다. 오히려 하나님이 답하신다. 하나님의 답은 질문의 연속처럼 보인다. "네가 선을 행하면 어떻게 낯을 들지 못하는가? 선을 행하지 않으면 죄가 문에 엎드린다." 가인이 선을 행하지 않았음을 분명히 하시고, 그 결과 죄가 문에 엎드린다고 선언하신다. "죄가 너를 원하나 너는 죄를 다스릴지니라." 선을 행하지 않는 죄가 호시탐탐 가인의 삶을 노리고 있다. 마치 사자가 먹잇감을 노리면서 몸을 웅크리는 모습이다. 가인은 자기가 경작한 열매 가운데 있는 다른 사람의 몫을 인정하기를 거부하면서 선을 행하지 않았다. 선악과를 따 먹은 아담과 하와와 다르지 않다. 선이 없는 곳에는 죄가 지배하고 다스린다. 죄가 주인 노릇을 하려는 상황이다.

죄가 너를 원하나 너는 죄를 다스릴지니라

하나님의 선언은 죄가 주인 노릇을 하는 현실에 대한 경고이다. 하나님이 창조하신 땅에 선을 채우기를 원하시는데, 선을 채우지 못하면 죄가 주인 노릇을 한다. 그래서 죄와 갈등하라고 말씀하신다.

죄가 너를 원하나 너는 죄를 다스릴지니라(창 4:7c)

이 표현은 여자에게 주신 말씀과 동일한 어휘와 구조이다. 죄와 여자를 제외하고 같은 표현이다.

그것의 덮침이 너에게로 향하지만
너는 그것을 다스려야 한다(창 4:7, 저자역)

너의 덮침이 너의 남편에게로 향하지만
그는 너를 다스려야 한다(창 3:16, 저자역)

하나님의 엄중한 말씀이며 선악에 대한 판단을 말씀하시기 때문에, 강한 의무를 강조해서 번역했다. 두 구절은 문장 구조가 똑같다. 창세기 3장에서 여자가 남자에게 선악과를 주어 먹게 하였다는 사실과 그 순서때문에 하나님은 네가 남자를 이기려고 하지만 남자가 여자를 다스려야한다고 선언하셨다. 선악과를 먹는 순간의 질서를 사진 찍듯 그 장면을들어 경고하셨다. 이런 경우에는 두 사람의 갈등이 옳다. 여자의 요구에넘어가서는 안 된다는 선언이다. 죄에 순응하려는 일에 대한 갈등이 필요함을 말한다.

선을 행하지 않을 경우 죄가 웅크리고 앉아서 너를 집어 삼키려고 한다. 삼킴은 죄의 삼킴이다. 죄는 너를 덮치려고 할 것이다. 죄가 너를 이기기 위해서 덮치지만 그러나 너는 죄에게 끌려가지 말고 죄를 다스려야한다. 죄의 종이 아니라 주인 노릇을 해야 한다. 죄의 주인 노릇은 죄를물리치라는 말이다. 죄의 다스림을 받지 말고 물리쳐야 한다, 제어해야한다는 선언이다. 죄를 제어하지 않고서는 에덴 밖에서 생명나무의 열매를 먹을 수는 없다. 죄를 제어하는 힘이 참된 지혜이고, 최고의 기쁨이다.

지키는 삶의 결여와 죄의 본질

창세기 3장은 여자와 남자의 갈등을 말하지만, 4장은 더 구체적으로죄와 가인(사람)과의 갈등을 말한다. 선을 행하지 않아서 일어난 문에 웅크린 죄의 본질은 무엇인가? 가인이 경작으로 수고한 삶의 열매는 추수이다. 추수한 것을 하나님께 드리는 제사를 통해서 수고의 삶을 제대로 담았는지 하나님 앞에서 검증받는다. 그런데 가인의 제사는 거절되었다. 수고의 삶에 담아야 할 것이 무엇이었기에 거절되었는가? 선을 행하지 않았기 때문이다.

수고의 삶, 경작하는 삶은 지키는 삶과 함께 가야 한다. 수고는 생존만을 위한 것이 아니다. 나의 수고를 통해 내가 지켜야 할 사람들을 지켜야 한다. 수고, 즉 경작은 지키는 일을 위한 것이다.

내가 수고한 것이다. 맞다. 그러나 그 수고의 결과에는 다른 사람의 몫이 들어 있다. 함께 돕고 살기 위해서이다. 창세기 4장에서 가인이 무엇을 그렇게 잘못했는지 항의할 수 있다. 열심히 경작해서 때가 되어 추수했고, 추수한 열매로 하나님께 제사를 드렸는데, 뭐가 문제냐고 물을 수 있다. 그러나 하나님은 가인은 지키지 않았다고 선언하신다. 70인역은 선이 남들과 바르게 나누는 것이라고 이해했다. 이런 이해는 창세기 1-3장의 문맥에서 적절한 이해이다.

왜 남의 먹거리를 지켜야 하는가? 다른 사람의 생명이 먹을 것에 달려 있기 때문이다. 가인은 자신이 땀 흘리는 수고를, 경작하면서 그 열매로 다른 사람을 지키는 일에 관심이 없었다. 이에 대한 구체적인 증거가 다시 나타난다.

하나님이 경고하신 뒤(4:7) 8절 이후에 가인의 반응이 나타난다. 가인은 아벨에게 말한다. 개역개정 성경은 가인이 말한 내용을 각주에 적고 있다. "우리가 들로 나가자." '들'은 사냥을 하거나 양 떼를 치거나 혹은 곡식을 기르는 밭이 있는 곳이다. 가인과 아벨이 일을 하는, 즉 수고하는 삶의 자리이다. 가인은 수고하는 삶의 자리로 아벨을 데리고 갔다. 거기에서 가인은 그의 아우 아벨을 쳐 죽였다. 소위 때려죽인 것이다. 하나님이 물으신다. "네 아우 아벨이 어디 있느냐?" 가인은 대답한다. "내가 알지 못하나이다. 내가 내 아우를 지키는 자니이까?(창 4:9)"

'내가 내 아우를 지키는 자나이까?'는 부정의 대답이 의도된 질문이다. 내가 아우를 지키는 자가 아니라는 선언이다. 가인은 아벨을 지키는 일을 포기했다. 오히려 죄가 웅크리고 앉았다가 가인을 삼키듯이, 가인이 아벨을 삼켰다. 악에게 삼켜진 가인이 선을 행하는 아벨을 삼켰다. 가인은 죄와 갈등하고 죄를 멀리하며 다스려야 하는데 그 일에 실패했다.

가인은 수고하고 얻은 곡식으로 가족들과 집안 식구들을 지켜야 했다. 그러나 먹거리를 탐내고 남의 먹거리를 지키는 수준을 넘어서 남의 생명을 해치는 일을 했다. 먹거리를 지키지 않았고 생명을 지키지 않았다. 그는 지키려는 의지가 없었다. 하나님의 경고가 아무런 의미가 없었다.

가인이 저지른 죄의 본질은 수고하지만 지켜야 할 것을 지키지 않은 것이다. 남의 먹거리를 지키지 않았고, 생명을 지키지 않았다. 서로 돕는 삶의 관계를 지키지 않았다. 하나님은 지킴이 있는 제사를 받기 원하신다. 아무리 많은 수양의 기름이 무슨 소용이 있겠는가? 불의와 함께 드리는 제사가 하나님의 마당만 밟을 뿐인 것을…. 샬롬.

아벨의 피의 부르짖음

지키는 삶의 가치

지키는 삶을 거절하는 것은 도둑질이다.

성경은 이웃의 포도밭에 배고픈 자가 들어가서 배불리 먹어도 된다고 가르친다(신 23:24). 단, 그릇에 담아서 나오면 안 된다. 이것은 한계적 상황인 배고픔을 해결하기 위해 이웃을 배려한 규정으로 보인다. 농경 사회에서 가능한 규정으로 보이지만, 내가 경작한 수고에는 다른 사람의 먹거리가 포함되었음을 알려 준다.

이어지는 신명기 23장 25절은 이웃의 밭에 들어가서 손으로 그 이삭을 따도 되지만 밭에 낫을 대지는 말아야 한다는 규정이 있다. 이것을 구체적으로 제시하는 예수님의 사건이 마가복음 2장 23-28절에 나타난다. 안식일에 예수님이 밀밭 사이로 지나가시는데, 제자들이 길을 열며 이삭을 잘랐다. 손으로 이삭을 잘라서 무엇을 하는가? 먹기 위함이다(눅 6:1 비교).

안식일에 먹을 수 있느냐가 핵심이지만, 중요한 것은 배고픔을 해결하기 위해 이웃이 수고한 것을 먹을 수 있도록 규정한 율법의 의도이다. 예수님은 이러한 율법의 의도가 안식일에도 적용된다고 해석하셨다. 안식일이 사람을 위해서 있다. 인자는 안식일의 주인이다. 사람의 배고픔을 해결하기 위한 먹거리의 제공은 안식의 기본 요소라는 선언이다. 나의 수고에는 다른 사람의 배고픔을 해결하기 위한 몫이 있다. 실제로 안식일은 나의 일을 쉬면서 다른 사람이 배고프지 않은지 병들지 않았는지를 살피고 먹이고 돌보는 날이 되어야 한다. 안식일은 하나님의 형상답게 돕는 자로 살도록 하는 날이다.

안식년에는 경작을 쉬면서 거기서 자연스럽게 자란 것을 추수하지 않고 가난한 자들의 몫으로 남긴다(레 19:10, 25:3-4). 내가 수고하고 노력한 소득에는 남의 몫이 있다. 돕는 이로 살아가야 하는 당연한 몫이 있기에 남겨 놓아야 하고, 굳이 이삭을 줍지 않아야 한다. 룻기에 나오는 룻과 나오미의 양식은 보아스의 밭에 흘린 수고의 열매였다. 여기서 하나님이 주신 인자함은 서로 베풀고 나누는 인자함으로 확대된다(룻 2:10, 13, 20, 3:10). 인애로 나타나는 삶은 손해를 감수하는 삶이다(룻 4:6). 내가 수고한 것으로 다른 사람의 삶을 살리고 세우는 일을 하는 것이 기업 무르는 제도의 본질이다.

바울 사도는 8계명인 도둑질하지 말라는 계명을 해석해서 적용한다. 교회에 도둑질하던 자가 들어오면 어떻게 가르쳐야 하는가? 먼저 도둑질하지 말라고 한다. 이것은 교도소나 법정에서 가르치는 것과 같다. 둘째는 자기 손으로 일해서 먹고살아야 한다. 이는 학교에서 가르치는 내용이다. 남에게 해를 끼치지 말고 자기 손으로 일해서 살아야 사회가 건강해진다. 교회는 어떻게 가르치는가? 가난한 자들에게 구제할 것이 있기 위해서 일하라고 가르친다(엡 4:28).

이 해석은 예수님의 계명 해석과 연결된다. 마태복음 5장은 살인하지 말라, 간음하지 말라는 계명의 적용을 보여 준다. 원수를 사랑하고 그들을 위해서 기도하는 것이 궁극적인 답이다. 이혼증서를 쓰고 싶은 욕망이 일어나면 이혼증서 쓰는 네 오른손을 자르라는 것이 성경의 가르침이다. 예수님은 도둑질하지 말라는 계명을 어떻게 해석하셨을까? 부자와 나사로 이야기와 어리석은 부자의 창고 이야기로 분명해진다.

바울은 도둑질하던 자를 교회가 어떻게 교훈해야 하는지를 제시하면서 남에게 해를 끼치는 삶이 아니라 남을 돕는 삶을 사는 것이 우리가 수고하는 목표라고 가르친다. 내가 수고한 것에는 다른 사람의 몫이 있고, 이것을 거절하면 도둑질이라고 말한다.

아벨의 피의 호소는 무엇인가?

가인이 아벨을 들로 불러서 죽였다(LXX). 그렇게 해서 모든 문제가 해결되었다고 생각했다. 눈엣가시와 같은 동생을 제거했기 때문에 이제 자기의 뜻대로 살아갈 수 있다고 생각했을 것이다. 사실, 죽음은 모든 것의 끝이기 때문에 더 이상 어떤 일도 일어나지 않는다고 이해한다. 압살롬의 반란이나 세바의 반란도 모두 반란의 두목인 압살롬이 죽고, 세바가 죽음으로 끝이 났다. 가말리엘은 예수를 따르는 운동도 예수의 죽음으로 끝이 날 것이라는 판단으로 유연하게 대처하였다. 죽음은 모든 것을 끝낸다. 가인도 동생을 죽임으로 자신의 분을 다 쏟아 내고 해결되었다고 보았다. 그런데 예상하지 않은 일이 발생했다. 죽은 후에 피가 말을 하기 시작한다.

피가 말을 한다는 것은 죽은 자가 자기의 억울함을 호소한다는 의미이다. 구약 율법에 미제의 살인사건이 발생하면 가장 가까운 마을이 피에 대한 책임을 지고 제사를 드리도록 요청한다(신21:1-9). 그만큼 억울한 피는 나름의 역할을 한다.

본문은 죽임을 당한 아벨이 형에게 맞아 죽으면서 그 분노를 어떠한 방식으로 수용했는지 말하지 않는다. 의인으로 평가를 받은 아벨은 형의 분노를 온몸으로 받아들였을 것이다. 나아가 형을 불쌍히 여겼을 수도 있다. 그러나 죽으면서 흘린 피는 전혀 다른 역할을 한다. 아벨의 피는 하나님께 호소한다. 그의 피는 가인의 행위를 정죄하는 역할을 한다. 아벨은 과연 이런 정죄를 원했을까? 우리는 모른다. 의로운 사람이 억울하게 죽어 가면서 자신의 원수를 갚아 주기를 의도적으로 바랐을까? 가능성이 없지는 않다. 그러나 많은 경우 오히려 용서를 빌면서 죽기도 한다. 스데반은 자기를 죽이는 자를 향해서 저들의 죄를 그들에게 돌리지 말아 달라고 호소한다. 이것이 의인의 죽음이 주는 본질이다. 아벨도 그렇게 하지 않았을까?

스데반이나 아벨의 의도와는 관계없이 그의 죽음으로 흘린 피는 자기를 죽인 자를 용서하지 않고 정죄한다. 이것이 피 흘림의 한계이다. 의인의 피라 할지라도 자기 형제의 죄를 조금이라도 가리지 못한다. 오히려 정죄한다.

구약학자 폰 라드(G. von Rad)는 사순절을 시작하는 한 설교에서 아벨의 피 사건을 언급한다. 그는 인간의 피가 가진 한계를 아벨이 보여준다고 말한다. 이어서 먼 훗날 인간의 삶에 필요한 예수 그리스도의 피를 언급한다. 우리의 죄와 허물, 연약을 대신 짊어질 수 있는 참된 피는 오직 예수 그리스도의 피 밖에 없음을 알리면서 복음을 전파한다.

의인인 아벨의 피도 해결하지 못한 죄와 결핍을 해결하는 참된 도움은 바로 예수 그리스도의 피에서 온다. 인생들의 탐욕으로 빚어진 삶의 질곡을 해결하여 우리를 어둠과 죄의 세력으로부터 지키기 위해 수고하신

십자가의 은혜를 기억하게 만든다. 아벨의 피는 그리스도의 피가 필요한 세상임을 보여 준다. 샬롬.

가인에 대한 저주와 기회

땅에서 저주를 받으리니

가인이 죽인 아벨의 피가 땅에서부터 하나님께 호소한다. 아벨은 의인이지만 그의 피가 자신을 죽인 형을 품지 못하고 오히려 피의 보복을 요청한다. 그 결과 하나님이 가인의 죄에 대해 책임을 물으신다.

땅이 피를 받았기 때문에 가인은 땅에서 저주받을 것이다(창 4:11). 밭이 효력을 내지 않아 그는 땅에서 피하여 유리, 방황하는 자가 될 것이다(창 4:12). 가인은 농사하는 자이다. 그런데 땀을 흘려야 할 곳에 남의 피를 흘렸다. 그 결과 그는 땅에서 저주받는다. 자신의 생업과 삶의 자리를 상실했다. 더 이상 농사를 지어도 땅이 열매를 내지 않는다. 당연히 농사

짓는 땅에서 떠나야 하고, 먹을 것을 찾아서 방황할 것이다.

땅에서 농사를 짓던 가인이 자기 것만 챙기면서 살다가 결국 땅이 자신을 쫓아내는 상황이 되었다. 하나님이 창조하신 세상에서 인간은 서로 돕는 이로 살아야 한다. 수고한 소산으로 다른 이의 필요를 채우는 삶이 요청된다. 돕는 자로 살지 않으면 자신의 삶도 해친다. 살인, 도둑질, 간음, 거짓 증거와 같은 것은 상대방의 삶을 해친다. 타인의 삶을 지킬 때 자신의 삶을 유지하는 길이 열린다.

내 죄벌이 너무 무겁습니다

가인이 땅에서 저주받으므로 땅이 효력을 내지 않는 사실을 다음과 같이 이해할 수 있다. 가인은 주의 낯을 뵈옵지 못한다고 말한다(창 4:14). 주의 낯을 대한다는 것은 제사를 드리는 의미이다. 땅이 소산을 내지 않으니 제사드릴 것도 없다. 제사는 하나님의 얼굴빛이 비추는 은혜와 함께한다.

제사장의 축복(민 6:23-25)에서 여호와께서 얼굴을 드시고 비추시면서 은혜와 평강을 주신다. 성막의 기구 배치는 이것의 형상화이다. 성소의 등잔이 진설병상을 비춘다. 여호와의 얼굴빛이 진설병상을 비추는 것은 일용할 양식에 비추는 것이다. 진설병상에는 일주일에 한 번씩 새롭게 들여놓는 진설병이 놓여 있다. 진설병은 2/10에바, 즉 2오멜의 가루로 만든 떡이다. 이것은 만나로 말하면 여섯째 날의 떡이다. 안식일 전에 안식일의 몫을 포함한 이틀 분량의 만나와 같다.

진설병은 안식일을 중심으로 사는 삶에서 일용할 양식을 의미한다. 하나님의 얼굴빛인 은혜가 비춤으로 안식을 누릴 수 있다는 고백이며 선언이다. 이는 동시에 하나님의 축복이다. 샬롬의 평화는 하나님의 얼굴빛이 비추는 가운데 먹을 것이 주어지며 삶의 안식을 누리고, 동시에 이 모든 것을 주신 하나님을 기억하는 것이다. 하나님의 얼굴을 보는 것으로 하나님의 은혜 가운데 먹고 마시고 살아가는 삶이 보장된다.

가인은 이런 삶이 단절되었고 그 현실을 탄식한다. 여호와의 얼굴을 대면하지 못하면 일용할 양식이 끊어지고, 하나님께 제사를 드리지 못한다. 가인은 양식을 구하기 위해 이곳저곳을 방황해야 하는 현실이 가혹하다고 하나님께 호소한다. 나아가 먹을 것을 찾고 구하는 것을 넘어서 자신을 만나는 자가 자신에게 보복하여 죽일 것을 두려워한다.

가인은 먹거리가 나지 않는 것에다가 동생을 죽인 일에 대한 보복을 두려워한다. 남과 먹거리를 잘 나누고 다른 사람의 삶을 지키는 것을 포기한 자의 두려움이다. 죽음을 두려워하면서 왜 다른 사람을 죽이는가? 그 살인은 어떤 필요 때문인가? 미움이 얼마나 컸으면 동생을 죽이기까지 하는가? 지키기를 포기하는 삶은 비참하다.

에덴에서 주어진 삶의 과제, 곧 경작하고 지키는 돕는 이로서 사는 삶이 자신의 삶에 먹을 것을 공급하고 삶을 지키는 길이 된다. 가인의 두려움은 에덴에서 주신 말씀을 거절한 결과이다.

다시 주어지는 기회

벌이 너무 중하다는 가인의 호소로 하나님은 다시 한번 가인에게 기회를 주신다. 가인을 죽이는 자는 벌을 칠 배나 더하겠다고 하면서 가인에게 표를 주어 가인을 죽이지 않도록 하신다.

그 표가 어떤 표인지는 정확하지 않다. 벌이 중하다는 가인의 주장에 대해 하나님은 부분적으로만 인정하셨다. 땅이 저주받아 효력을 내지 않고 가인이 유리하는 자가 될 것이라는 선언은 유보하지 않으신다. 그러나 가인이 스스로 생각한 보복에 대해서 하나님은 아니라고 대답하신다. 하나님은 표를 통해 가인의 생명을 지키시기로 약속하셨다. 이는 가인이 수고하는 삶이 지키는 삶으로 변화되어야 함을 요청한다.

하나님은 가인에게 땅이 저주받아 소산을 내지 않고 먹을 것을 찾아 방황하는 삶을 통해서 다른 사람(아벨이나 가족들)의 필요를 채우는 삶을 살지 않은 것을 깨닫고 살아가야 함을 말씀하신다. 결코 가인의 생명을 해치려는 뜻이 아니다. 저주는 저주를 깨닫고 왜 자신이 저주받았는지를 잘 살피면 다시 저주의 상황을 돌이켜 복의 상황으로 반전이 가능하다.

앞서 아담과 그 아내 여자에게 주신 저주의 내용이 그러하다. 아담은 땀을 흘리는 수고를 통해 먹을 것을 얻고 아내와 가족을 먹여 살려야 한다. 또한 여자는 아이를 낳는 해산의 수고를 통해서 생명의 기쁨을 얻는다. 두 사람은 하나님의 뜻을 거스르는 일에 대해서는 서로 갈등하면서 선하신 하나님의 뜻에 복종해야 한다. 먹을 것에 욕심을 내지 않고, 자녀에 대한 탐욕을 거두어서 서로를 돕는 이로 살면 새로운 소망의 씨가 뱀의 머리를 밟고 생명을 누리게 하는 때가 올 것이다.

가인은 하나님의 저주가 자신을 망하게 한다고 생각한다. 자신의 마음에 들지 않는 아벨은 죽어서 끝냈던 방식으로 하나님과 세상과 타인을 이해한다. 그러나 하나님은 저주를 통해서 원래 가인에게 주어진 과제, 경작하고 지키는 돕는 이로 돌아와 하나님의 얼굴빛을 누리고 살기를 바라신다. 저주는 다시 제사가 열납되는 삶을 살도록 권고하시는 인자하심의 본질이다. 저주는 또다시 주어지는 기회이며 은혜이다.

하나님은 가인이 지나치게 염려함을 보시고 그렇지 않다고 말씀하신다. "땅이 저주 받은 결과로 방황할 수밖에 없겠지만, 그때 타인을 생각하고 남의 먹거리를 지키는 삶을 살아라." 그러면 다시 하나님에게 열납되는 삶을 살 수 있다고 알려 주신다. 그래서 살인에 대한 강한 부정과 근거로 표를 주신다. 하나님은 가인에게 기회를 주셨다. 그러나 가인의 후손은 이 기회를 악용하여 더 큰 살인을 저지르고 이를 정당화한다(창 4:24).

가인에게 주어진 땅이 저주받음으로 먹을 것을 찾기 힘든 상태는 아담에게 주어진 수고의 땀을 흘리는 것과 가시와 엉겅퀴를 헤치며 먹을 것을 경작해야 하는 삶과 다르지 않다. 사실 창세기 3-4장의 내용은 병행되는 내용이다. 수고의 땀과 노력을 통해 얻은 것에 타인의 몫을 기억하면서 사는 것이 지키는 삶의 본질이고 하나님의 얼굴빛을 구하는 자의 모습이다. 샬롬.

라멕의 칼의 노래

에덴 동쪽에 쌓은 성

가인은 여호와의 얼굴을 떠나 에덴 동쪽 놋 땅에 거주하였다. 거기서 가인이 에녹을 낳는다. 그는 성을 쌓고 아들의 이름을 따서 그 성을 에녹이라고 부른다(창 4:16-17). 여호와의 얼굴을 떠난 것과 에덴 동쪽 놋 땅에 거주하는 것은 병행되는 내용이다. 왜 에덴 동쪽인가?

가인이 정착한 에덴 동쪽 키드마트 에덴(קדמת־עדן)은 생명나무의 길을 지키는 그룹들과 화염검이 있는 곳과 비교된다. 에덴 동쪽은 생명나무의 길이 있는 곳이다. 가인은 자신의 죄벌이 너무 무겁다고 했다(창 4:13). 자신이 주의 얼굴로부터 가려진다고 주장하면서 그 결과 만나는 자들이 자기를 죽일 것이라고 했다(창 4:14). 하나님의 얼굴로부터 가려진다는 말은 하나님의 은총을 받지 못한다는 의미이다. 안색이 변했다는 말과 같다(창 4:5). 가인은 하나님의 보호를 받지 못할 경우 살해당할 것을 염려했다. 그런 가인이 에덴 동쪽에 성을 쌓고 정착했다는 것은 무엇을 의미하는가?

먼저 가인은 성을 쌓아 자신을 죽이려는 자들로부터 방어하기 위한 대책을 마련했다. 소극적인 자기방어이다. 즉 스스로 자기 삶을 지키는 방식을 선택하였다. 하나님의 은혜에 자신을 의탁하지 않는다. 그렇기에 자기 생명을 성을 쌓아서 방어한다. 그러나 그룹이 지키고 있는 동쪽 입구에서 그룹이 지키는 에덴의 생명나무는 적극적으로 생명을 유지하는 길이 무엇인지를 알려 준다. 지키는 삶이 생명을 유지하는 길이다. 그러나 가인은 에덴 동쪽에 성을 쌓고 생명나무의 길을 노린다. 에덴의 생명나무를 따 먹으려고 한다.

선악과를 따 먹은 결과 생명나무를 먹는 것이 단절되었다. 그러나 가인은 죽음을 성으로 보호하고 나아가 생명을 얻기 위해 생명나무에 접근하려고 시도한다. 에덴 안으로 들어가려고 한다. 그룹들과 불칼이 있기에 성공하지 못했을 것이다. 가인은 에덴 밖에도 생명을 찾는 길이 있음을 알지 못한다. 에덴 밖에서 수고하고 지키는 삶을 살면 거기에 생명이 있다. 생명나무의 열매를 먹는 방식을 통해서 생명을 찾는 것은 잘못된 방식이다.

가인은 성을 쌓아 자신의 생명을 해치려는 시도를 강력하게 막을 수 있었다. 그러나 참된 생명을 누리지는 못했다. 그와 그의 후손들의 삶이 이를 증명한다. 생명은 생명을 주신 자의 뜻을 반영하는 것에서 발견된다. 서로를 돕고 세우는 삶을 사는 것이 생명이다. 수고하면서 지키는 삶을 사는 것이 생명이다. 이를 행하기 위해 여호와의 얼굴 앞에서 살아가야 한다. 여호와의 얼굴 앞에서 사는 것이 바로 은혜이다. 은혜가 생명을 얻는 지름길이다. 가인은 이것을 버리고 스스로 지키는 삶을 선택했다.

가인의 후손들과 문명의 발전

가인의 후손 가운데 라멕에게 주의를 기울여 보자. 라멕은 두 아내를 맞이했다. 아다와 씰라이다. 그들은 각기 자녀를 낳았다. 아다는 야발과 유발을 낳았다. 씰라는 두발가인과 그의 누이 나아마를 낳았다. 자녀들은 유명한 자들이 되었다. 야발은 가축 치는 자의 조상이, 유발은 악기를 다루는 자의 조상이, 두발가인은 구리와 쇠로 기구를 만드는 자가 되었다. 목축과 음악과 기구를 만드는 자들의 조상이 되었다는 것은 문명의 발전을 이루었다는 말이다.

가인의 후손은 성에 거주하면서 안전을 도모하고, 땅에서 곡식을 키우는 대신에 다른 삶의 방식을 추구했다. 가인은 원래 농사를 지었지만 그의 후손은 목축과 음악과 기구를 만들어서 필요를 해결하였다. 두 아내를 가질 만큼 삶이 윤택해졌다. 여러 아내를 둘 수 있는 것은 경제적인 능력과 관련된다. 소위 문명과 문화를 발전시킨 가인의 후손들이 이런 힘을 가지고 어떻게 살았는지 살펴보자. 이는 라멕이 부른 노래를 통해서 알 수 있다.

라멕의 노래

라멕의 노래는 먼저 두 아내를 자랑하는, 병행하는 두 구절에 나타난다. 자신의 경제력과 힘을 과시하는 선언이다.

아다와 씰라여 내 목소리를 들으라
라멕의 아내들이여 내 말을 들으라(창 4:23a)

라멕은 살인을 정당화한다. 자신에게 상처를 입힌 소년에게 죽음으로 응징했다고 말한다.

나의 상처로 말미암아 내가 사람을 죽였고
나의 상함으로 말미암아 소년을 죽였도다(창 4:23b)

라멕이 살인을 정당화한 근거는 자신의 상처와 상함이다. 소년을 죽여서 응징했다고 자랑스럽게 말한다. 소년은 라멕의 집에서 일하는 종과 같은 존재이다. 상처와 상함은 찰과상과 같은 상처일 것이다. 이것을 죽음으로 되갚아 주었다. 소년이 일을 하다가 실수로 라멕에게 상처를 입

혔을 것이다. 고대의 동해보복법과도 결이 다르다. 이 법은 '눈에는 눈 이에는 이'로 알려진 손실을 입은 만큼만 보복하는 법이다. 물론 함무라비 법전에 따르면 이 법은 주인과 종의 관계에는 해당하지 않는다. 보복법은 같은 등급에서 통용된다. 종이 해를 입히면 죽일 수 있다. 라멕은 세상의 기준으로 보복한 것이다. 자신에게 해를 끼친 소년을 죽음으로 응징하며 다스린다.

죽음에 대한 공포가 가인의 집을 짓누르고 있다. 생명을 육체의 번성과 문명의 발전으로 대체한다. 라멕은 함께 사는 세상, 서로 돕는 세상을 만들지 않았고, 두 명의 아내가 상징하는 힘이 지배하는 세상을 강조한다. 자신에게 해를 끼치는 자에게는 받은 것 이상으로, 최대치인 죽음으로 돌려준다. 아벨이 가인의 삶을 불편하게 했다는 이유로 죽인 것과 다르지 않다. 서로를 지키는 자로 사는 것을 포기한 것처럼 라멕은 소년을 지키고 돕는 자가 아니라 죽이는 자가 되었다.

이렇게 해를 끼친 것보다 훨씬 더 크게 응징하는 근거가 무엇일까? 세 번째 구절에 나온다.

가인을 위하여는 벌이 칠 배일진대
라멕을 위하여는 벌이 칠십칠 배이리로다(창 4:24)

하나님은 가인을 해치는 자는 벌을 칠 배나 받으리라고 하면서 표를 주어 생명을 지켜주겠다고 보증하셨다. 라멕은 이것을 이용해서 자신은 가인보다 더 위대한 자이기 때문에 자신을 해치는 자는 벌이 칠십칠 배라고 주장한다. 그래서 자신에게 해를 가한 소년을 죽일 수 있었다고 당당하게 노래한다. 가인을 해치는 자에게 주는 칠 배의 벌에 대한 경고는 하나님이 주신 은혜의 표시이다. 다시금 삶을 유지하고 생명을 보존하는 기회를 통해서 죄와 원수가 되는 삶을 살고, 나아가 다른 사람을 돕는 이가 되라는 권면이다. 수고하고 지키는 하나님의 형상으로 살아가라는 하나님의 뜻이다. 라멕은 이것을 통해서 더욱 죄를 저지른다. 자신의 자녀들을 통해 가인보다 더 큰 성과를 이룬 자신이 더 중요하다고 본다. 자신을 해치는 자는 더 벌을 받는 것, 곧 죽는 것이 마땅하다고 한다.

성과와 업적으로 사람의 가치가 정해지는 사회가 되어 가고 있다. 하나님의 형상이기에, 우리는 모두 서로를 향해서 서로 돕는 이가 되어야 한다. 에덴 밖이지만 서로의 수고와 지킴이 목적이다. 그런데 성취와 힘의 독점, 계층의 분화와 권력의 양극화로 강한 자가 수고하는 약한 자를 지배하고 윽박질하고 억압하는 세상이 되었다. 자신의 안전을 위해 다른 사람의 생명을 짓밟는 행위를 한다.

무엇보다 라멕의 노래가 노래되었다는 것이 더 문제이다. 노래는 공개적인 선언과 같기 때문이다. 두 아내를 가졌다는 사실과 자신을 해치는 자에게 죽음으로 응징하는 일에 대한 당당함에다 이것에 대한 신적인 명분을 이데올로기로 삼아 주장한다. 사람들이 자신들의 행위에 대해 당당하기 위해서는 이념적 배경이 있어야 한다. 이념이 지배하는 세상은 형제자매도 부모도 없는 세상이다. 라멕은 자신이 만든 이념으로 힘과 권력이 지배하는, 죽음으로 응징하는 세상을 만든다.

가인의 노래는 경제력과 정치력과 같은 힘을 기반으로 한 성(도시)의 문화가 만든 비참을 보여주고 있다. 하나님을 떠난 세상이 추구하는 문명과 삶의 결과이다. 그 삶은 하나님을 섬기지 않고 그분의 은혜를 구하지 않으며 찬송하지 않는다. 그러나 가인에게 죽임을 당한 아벨 대신에 주신 셋의 자손들은 이와는 다른 삶을 산다. 샬롬.

38
장

생명과 찬송

라멕과 에녹의 비교

가인은 성을 통해 자기를 지키고 에덴 동쪽에서 생명나무로 향하는 길을 찾는다. 가인의 자손 중, 라멕의 자손들은 자기를 지키고 즐기는 수단으로 목축과 음악과 기구를 만드는 기술을 발전시켰다. 기술은 힘이 되고 힘은 자기를 지키는 수단이 된다. 그러나 다른 사람의 삶을 지키는 수단은 아니다. 라멕의 노래가 이를 말해 준다. 자기의 유익과 즐거움 그리고 안전을 최고로 여기고 다른 것들은 무시한다. 에덴 밖에서 찾아야 하는 진짜 생명은 어떤 것일까?

라멕과 비교되는 인물은 에녹이다. 가인이 아벨을 죽였기 때문에 아벨

대신 주신 자손이 셋이다. 아벨 대신에 주어진 자가 셋이었다. 가인의 6
대손이 라멕이고(창 4:16-18), 셋의 6대손이 에녹이다(창 5:6-20). 두 사
람의 삶은 대조적이다.

라멕은 세상에서 문명을 일구고 그것을 기초로 힘과 권력을 가진 인물
로 등장한다. 두 아내를 두고, 자신에게 해를 끼친 자를 죽음으로 보복할
수 있는 권력자이다. 기술에 기초하여 힘과 권력을 가진 권력자는 생명
을 추구한다. 그는 다른 사람의 희생을 통해 자신의 생명을 유지하고 지
킨다. 나아가 생명나무의 길도 찾는다.

반면에 에녹은 므두셀라와 같은 자녀를 낳고 3백 년을 지내는 동안 하
나님과 동행하였다(창 5:22). 그는 하나님과 동행하면서 자녀를 낳았다.
자녀를 얻는 일이 하나님과 동행하는 삶과 괴리되지 않았다. 하나님은
그와 동행하는 중에 그를 데리고 가셨다. 그래서 그는 (세상에) 없었다.
하나님이 데리고 가셨다는 말이 무슨 의미인가? 창세기 5장 24절을 직
역하면 다음과 같다.

> 에녹이 하나님과 함께 걸었고(동행했고) 하나님이 그를 취하였기에
>
> 그는 (세상에) 없었다

에녹이 하나님과 함께 동행한 삶을 산 결과로 하나님이 그를 취하셨
다. 하나님이 데려간 것, 즉 취한 것은 죽음인가? 창세기 5장은 아담 이

후로 모든 사람에게 찾아온 죽음을 언급한다. 아담도 930세를 살고 죽었다. 모든 아담의 자손들이 오래 살았지만 결국 죽었다. 에녹만 죽었다고 표현하지 않는다. 365세까지 살았다는 기록이 있을 뿐이다. 에녹 이후에 그의 아들 므두셀라도 가장 오래 살아서 969세의 나이까지 살았지만 죽었다(창 5:27). 창세기 저자가 다른 사람들과 다르게 하나님이 "데려갔다"는 표현으로 에녹의 죽음을 표현하지 않았을 것이다.

히브리서 11장 5절을 살펴보자.

믿음으로 에녹은 죽음을 보지 않고 옮겨졌으니
하나님이 그를 옮기심으로 다시 보이지 아니하였으니라
그는 옮겨지기 전에 하나님을 기쁘시게 하는 자라 하는 증거를 받았느니라

에녹은 죽음을 보지 않고 옮겨졌다. 죽음 없이 영원한 생명으로 들어갔다. 하나님과 동행한 삶은 하나님을 기쁘시게 하는 증거를 가진 삶이다. 하나님을 기쁘시게 하는, 하나님과 동행하는 삶은 무엇인가? 히브리서 기자는 계속해서 말한다.

믿음이 없이는 하나님을 기쁘시게 하지 못하나니
하나님께 나아가는 자는 반드시 그가 계신 것과
자기를 찾는 자들에게 상 주시는 이심을 믿어야 할지니라(히 11:6)

하나님을 기쁘시게 하는 삶, 하나님과 동행하는 삶은 하나님을 찾는 삶을 사는 것이다. 찾는다는 것은 기도하는 삶이다. 하나님의 약속을 바라보고 약속의 성취를 위해서 기도하는 삶이 믿음으로 사는 삶이고 하나님을 기쁘시게 하는 삶이고 하나님과 동행하는 삶이다.

유다서는 기도하면서 하나님을 찾으면서 하나님과 동행하는 삶을 설명한다. 유다서는 교회에 가만히 들어온 무리를 말한다(유 4). 이들은 단번에 주신 믿음의 도인 은혜를 도리어 방탕한 것으로 바꾼 자들이다(유 4). 유다서 기자는 이런 자들을 구약의 다른 무리들, 출애굽 했지만 믿지 않았던 출애굽 1세대와 비교한다(유 5). 소돔과 고모라와 같은 도시를 따라 같은 행동으로 음란과 육체를 따라 살다가 망한 자들이고, 가인의 길과 발람의 어그러진 길, 고라의 패역을 따라 산 사람들이다(유 11). 이런 사람들은 원망하는 자며 불만을 토하며, 그 정욕대로 행하며 그 입으로 자랑하는 말을 하며 이익을 위해 아첨하는 자이다(유 16). 에녹은 자기 시대에 이런 무리를 정죄하기 위해 예언했다(유 14). 주께서 뭇사람을 심판하시는데, 모든 경건하지 않은 자가 행하는 모든 경건하지 않은 일과 불경건한 자들이 행한 모든 완악한 말을 정죄하신다는 예언이다.

유다서로 에녹을 이해하면, 에녹은 하나님의 약속을 신뢰하지 않고, 경건하지 않은 삶을 사는 사람들을 하나님이 심판하신다는 말씀을 삶으로 예언하며 선포하는 삶을 살았던 사람이다. 에녹은 가인의 자손 라멕과 같은 이들이 기술을 바탕으로 힘과 권력을 축적하여 두 아내와 살인과 신성모독으로 점철된 칼의 노래를 부르는 시대를 정죄하는 믿음의 용기를 가진 사람이다. 자기 시대가 불경건하다고 판단하고 하나님을 가까이하고 기도하는 삶을 살았던 사람이 하나님과 동행한 에녹의 삶의 본질이다.

에녹은 죄와 원수된 삶을 살았다. 세상에 속한 삶을 즐기기보다 하나님을 즐거워하면서 하나님과 동행하는 기도하는 삶을 살았다. 거기에 참된 생명과 기쁨과 위로가 있음을 알았다. 에녹은 그 결과 죽음을 극복하였다. 죽음을 이기는 생명은 세상의 기술이나 힘과 권력으로 이루는 라멕의 삶에서 발견되지 않는다. 죄를 멀리하는, 다른 이들과 살아가면서 서로 돕는 에녹과 같은 사람에게서 발견된다. 에녹은 에덴 밖에도 생명이 있음을 말해 준다.

유다는 정죄를 받는 무리의 특징을 덧붙였다. 몰래 들어온 그들이 단번에 주신 믿음의 도를 버린 자들인데, 함께 성찬상에 앉기는 하지만 애찬의 암초이다. 그리고 자기 몸만 기르는 목자이다. 이는 구약 시대에 거짓 목자들이 백성들을 학대하고 죽이고 포로가 되게 한 것을 염두에 둔 언급이다. 에녹이 정죄한 불경건한 사람들은 힘과 권력을 통해 자기 몸만 챙기는 목자들이다.

자기의 생명만 소중하고 자기가 먹는 것만 챙기고 다른 사람의 생명을 무시하고 죽이고 폭력을 일삼는, 라멕을 정죄하는 삶이 에녹이 걸어간 삶이고 그 결과가 바로 생명이었다. 에녹은 죽음을 보지 않고 생명을 누리는 에덴 밖의 생명나무 열매를 먹은 것이다.

라멕은 생명을 힘과 폭력으로 얻으려고 했지만 반대로 아담의 다른 7대손(유 14)은 거룩하고 구별된 경건한 삶, 약속과 기도를 통해 죄와 원수가 되는 삶, 서로 돕는 세상을 위해 경작하고 지키는 삶을 살았다. 그에게 생명나무의 열매인 생명이 주어졌다.

라멕의 노래와 셋의 찬송

에녹은 셋의 후손이다. 가인이 성을 쌓고 그의 후손이 힘과 권력을 기르는 동안에 셋과 그의 자손은 무엇을 했을까? 그들은 어떻게 에녹과 같은 경건한 자손을 얻을 수 있었을까?

셋도 자녀를 낳는 삶을 살았다. 셋은 에노스를 낳았다. 셋과 에노스의 시대에 사람들이 비로소 여호와의 이름을 불렀다고 말한다. 아들의 이름을 부르고 여호와의 이름도 불렀다.

가인의 자손을 설명하는 창세기 4장 16-24절에는 오직 자녀들의 이름만을 부르고 있다. 가인이 성을 쌓고 아들의 이름을 에녹이라 하였다. 라멕의 두 아내의 이름 아다와 씰라가 나타난다. 그들이 낳은 세 아들의 이름이 언급된다. 야발, 유발, 두발가인이다. 하나님의 이름이 언급되지 않는다. 오직 사람의 이름만이 불린다. 그러나 셋의 자손은 자기 아들들의 이름도 부르지만 동시에 하나님의 이름도 부른다. 자녀를 낳는 것이 생명이다. 이 생명으로 뱀과 원수된 삶이 가능하다. 하나님의 이름을 부르는 행위는 뱀과 원수된 삶을 위한 생명임을 확인하는 것이다.

하나님의 이름을 부르는 것은 모든 신앙 행위의 총체이다. 실제로 구약 시대나 신약 시대에 하나님은 우리에게 하나님의 이름을 주셨다. 그 이름으로 언약을 맺고 맹세를 하고 제사를 드리고 축복을 받는다. 신약 시대에도 그 이름으로 세례를 베풀고 직분을 임명하고 축복한다. 교회가 세워진다. 성경의 모든 신앙 행위는 오직 그 이름에 근거한다.

하나님의 이름을 부르는 사람들이 셋의 자손이다. 이들은 가인의 후손이 걸어간 인간들만의 세상을 만들지 않았다. 칼의 노래를 정죄하는 에녹과 같은 경건한 자들이 등장하여 생명나무의 열매인 참된 생명을 얻었다.

찬송은 하나님의 이름을 높이는 것이다. 삶은 자녀들의 이름을 부르는 것으로 연속된다. 어떤 종류의 삶을 살았는지는 모른다. 셋의 자손이라고 농사를 하지 않고 살 수 있었을까? 목축을 하지 않았을까? 음악을 할 줄 몰랐을까? 기구를 사용할 줄 모르는 바보들인가? 가능한 모든 삶을 살았을 것이다. 그러나 그들 삶의 핵심은 하나님의 이름을 부르는 것이다. 하나님을 중심으로 힘과 권력을 통한 억압과 살인이 아니라 서로 돕고 함께 사는, 위로가 있는 세상을 만드는 것이다. 에녹의 자손 중에 라멕과 노아(위로)가 있다. 서로 돕는 세상, 서로를 지키는 세상을 만들어

가는 삶의 본질이 바로 하나님의 이름을 부르는 삶의 본질이다. 힘과 권력을 가지고 섬기는 삶, 지키는 삶을 살아가는 무리가 셋의 후손이며 에노스의 무리이다.

천지 역사의 결론, 에노스

창세기 2장 4절부터 시작된 천지의 역사(토레도트)가 에노스를 소개함으로 결론에 이른다. 생명을 잃어버린 타락한 세계가 어떻게 에덴 밖에서 생명을 얻을 수 있는가? 하나님의 이름을 부르는 것이다. 에덴 밖에서 기술의 발전을 통한 힘과 권력 그리고 부의 축적에만 관심을 가지지 말고 기도하면서 다른 사람의 먹거리를 지키는 세상을 만드는 무리를 통해 생명은 열매를 맺는다. 하나님의 이름을 부르면서 용서를 누리고 다른 사람의 부족과 결핍을 함께 채우는, 지키는 삶을 살 때 죄와 원수된 삶을 유지하고 생명을 누릴 수 있다.

가인은 생명나무 가까이에 성을 세우고 생명을 추구했지만 참된 생명과는 거리가 멀었다. 진정한 생명은 하나님의 이름을 부르는 경건하고 서로 돕는 삶에 있다. 샬롬.

후기

바닥을 기는 창세기(1)라는 이름으로 첫 책을 낸다. 인터넷 기독 매체인 코람데오닷컴(kscoramdeo.com)에 연재한 원고를 정리해서 묶었다. 성경 해석의 일관성과 적실성을 바닥을 기는 것으로 잡았다. 창세기의 첫 부분을 먹거리라는 관점에서 읽으면서 바닥을 보았다.

창세기의 결론은 요셉 기사이다. 다음 책으로 요셉 기사를 생각하고 위 매체에 글을 연재하고 있다. 요셉이 선악과 문제를 극복하였기 때문이다. 악을 선으로 바꾸시는 하나님을 신뢰하는 요셉이 야곱의 집의 갈등을 봉합하고 온 세상에 먹거리를 공급한다.

출판해 준 깃드는숲 김명일 목사에게도 감사드린다. 앞으로도 좋은 동역을 하기 소망한다.

이날 이때까지 위해 기도하고 격려해 주신 부모님께 이 책을 드린다.